Elisabeth Wellershaus

Wo die Fremde beginnt

Elisabeth Wellershaus

Wo die Fremde beginnt

Über Identität in der fragilen Gegenwart

C.H.Beck

www.chbeck.de
Umschlaggestaltung: geviert.com
Umschlagabbildung: © Juliette Moarbes
Satz: Janß GmbH, Pfungstadt
Druck und Bindung: CPI books GmbH
Gedruckt auf säurefreiem, alterungsbeständigem Papier
Printed in Germany
ISBN Buch 978 3 406 79932 7

myclimate

klimaneutral produziert
www.beck.de/nachhaltig

Inhaltsverzeichnis

KAPITEL 1 Überall 7

KAPITEL 2 Nachbarschaften 25

KAPITEL 3 Stadt 47

KAPITEL 4 Arbeit 67

KAPITEL 5 Freundschaft 89

KAPITEL 6 Familie 109

KAPITEL 7 Passing 129

Dank 149

Anmerkungen 151

Quellenverzeichnis 155

Für Ralf, Felix und Mila

KAPITEL 1

Überall

You were born balancing languages
on your tongue.
Your family is several borders living
under one roof,
Bickering in the blood.
Darling,
Wherever you find yourself
You are foreign.

Upile Chisala

Ich hätte anrufen können oder schreiben, das wäre eleganter gewesen. Aber nun stehe ich vor dem Haus, da kann ich auch klingeln. Neben dem Dielenfenster, zwischen Efeu, der über alten Klinkern wuchert, klebt ein knallgelber Aufkleber. Schroff erklärt er mir, dass ich hier nichts zu suchen habe: 24 Stunden Videoüberwachung, vermutlich gibt es große Hunde. Ich atme tief durch und stelle mir vor, wer hier wohl hinter gut geschützten Mauern lebt. Zum x-ten Mal streiche ich die Falten meines Sommerkleides glatt. Es hat eine ähnliche Farbe wie die Werbung des Sicherheitsunternehmens.

Als die Schritte im Flur lauter werden, weiß ich noch immer nicht genau, was ich hier eigentlich will. Meine Urgroßeltern haben vor mehr als hundert Jahren in diesem Haus gewohnt. Schon lange frage ich mich, wie die Geschichte hinter seinen Mauern weitergegangen ist. Doch bislang bin ich im letzten Moment immer umgedreht. Direkt vor der alten Haustür meiner Familie packte die Unsicherheit mich immer wieder unvermittelt am Genick: «Gehörst du wirklich hierher?»

Das Haus von Familie S. liegt ein paar hundert Meter von dem Reihenhaus entfernt, in dem ich aufgewachsen bin. Meine Urgroßeltern haben es kurz vor dem Ersten Weltkrieg gebaut. Zu Beginn des 20. Jahrhunderts, lebten noch keine tausend Menschen in Volksdorf – einem grünen Randbezirk Hamburgs, der zum Naherholungsziel für gestresste Großstädter:innen werden sollte.

Und nun warte ich vor der Tür: eine afrodeutsche Frau im grellen Sommerkleid, das die vermeintliche Fremdheit zwischen ihnen und mir vorauseilend unterstreicht. Die Volksdorferin in vierter Generation stellen sich die aktuellen Bewohner:innen sicher anders vor. Denn noch steckt das Fotoalbum in meiner Tasche: das Haus von außen, von innen, der Garten. Meine Oma, wie sie mit einem Hund übers Gras tobt, ihre Schwester, die auf den Knien ihrer Mutter sitzt. Im Hintergrund Anton – die dicke kleine E-Lok, die den Vorort zu Beginn des 20. Jahrhunderts erstmals mit der Stadt verband. Die Bilder erzählen die Geschichte eines Hauses, von der ich den Anfang kenne – und die Frau, die mir jetzt gegenübersteht, das vorläufige Ende.

Sie ist in ihren Zwanzigern, blond, trägt T-Shirt und Jeans und hört mir aufmerksam zu. Erst als ein junger Mann und eine ältere Frau auftauchen, treffen mich skeptische Blicke. Ein paar Schlagworte wie «Journalistin» und «autobiografische Recherche» werde ich noch los. Dann setzen erste Abwehrreflexe ein. «Versuchen Sie es doch mal bei den Nachbarn», wimmelt die Familie mich höflich ab. «Die wissen auch viel über unsere Gegend.» «Die Gegend kenne ich …», setze ich an. Und dann sagt die Dame des Hauses etwas, das mein Unbehagen in neue Richtungen lenkt: «Wir hatten gerade einen Trauerfall.»

Mein letzter Satz bleibt in verlegenem Schweigen hängen, und die imaginierte Eindeutigkeit unserer Begegnung zerfällt. Niemand schlägt mir die Tür vor der Nase zu, weil ich als augenfällige Unbekannte ins abgeschottete Wohlstands-Refugium eindringe. Die Mitglieder von Familie S. richten keine rassistischen Geschütze auf mich – sie trauern. Und ich platze mitten in ihre Trauer hinein.

Entschuldigungen stammelnd, sehe ich in ihre Gesichter, in denen ich auf einmal nicht mehr Abwehr sondern Erschöpfung lese. «Konnten Sie doch nicht ahnen», sagt jemand, und fast klingt es tröstend. Als die Tür zufällt, wissen sie noch immer nicht, dass meine Urgroßeltern vor hundert Jahren hier andere Menschen empfangen oder abgewimmelt haben. Ich hätte anrufen sollen – jetzt werde ich schreiben.

Eine kleinliche Enttäuschung begleitet mich auf die andere Straßenseite, bis zum Haus meiner Mutter. Ich war aufgebrochen, um unerschlossene Aspekte meiner Familiengeschichte zu erkunden. Und schon im ersten Anlauf scheitere ich an der vielleicht entscheidendsten Eigenschaft des Fremden: seiner Unberechenbarkeit. Erst als ich den Brief an Familie S. ein paar Tage später zur Post bringe, begreife ich, dass ich bereits mit Karacho in ein anderes Leben gestolpert bin.

Die Antwort folgt wenige Tage später per E-Mail. Frau S. entschuldigt sich für ihre Schroffheit, beteuert, sie habe sich aufrichtig über meinen Brief gefreut. In einem Nebensatz erwähnt sie, dass ihr Mann zwei Tage vor meinem Besuch gestorben sei – drei Wochen nach der Diagnose. Sie hat meinen Brief auf der Terrasse geöffnet, hat sich die Bilder meiner Großmutter angesehen, die mit im Umschlag lagen, und nun schreibt sie, wir hätten uns viel zu erzählen.

Spielend hält unsere kurze Korrespondenz dem Fremdeln stand, das meinen Alltag früher bestimmt hat. Vielleicht liegt es daran, dass ich nicht mehr das Schwarze kleine Mädchen bin, dessen stinknormale Pullis vor den Marken-Sweatshirts mancher Klassenkamerad:innen eine klägliche Figur zu machen schienen. Dass der schöne alte Käfer meiner Mutter sich nicht mehr an Garagen vorbeischleicht, in denen schnittigere Zweit- und Drittwagen unter Plastikplanen vereinsamen. Das Volksdorfer Villenpanorama schüchtert mich nicht mehr so ein wie früher. Es bleibt mir schlicht fremd.

Vor dreißig Jahren hätte ich mich über den warmen, großzügigen Ton in den Zeilen von Frau S. gewundert. Die offensichtliche Fremdheit unserer Erfahrungen hätte sich unbarmherzig zwischen uns geschoben. Zu oft war ich damals abgewiesen worden, vertraute nur noch dort, wo auch der Alltag der Anderen «aus dem Rahmen» fiel. Ich fühlte mich in Haushalten wohl, wo auch andere Mütter in aufreibenden Berufen arbeiteten. Wo auch andere Eltern getrennt waren. Wo Diversität zum Alltag gehörte und wo Freund:innen ähnlich lebten wie ich: in engeren Verhältnissen und Siedlungen, die am Rande der satten Bürgerlichkeit lagen.

Auf der einen Straßenseite die Villa von Frau S., auf der anderen unser Reihenhaus. Meine Urgroßmutter soll sehr an ihrem Haus gehangen haben. Ihr Vater, der in meiner Familie als Hochstapler gilt, hatte einiges darangesetzt, ihr den Weg ins Bürgertum zu ebnen.

Es heißt, sie war eine *emanzipierte* Frau. Sie sprach mehrere Sprachen, reiste leidenschaftlich gern und gab wenig auf die vorstädtischen Konventionen ihres Umfelds. Angeblich traf sie sich mit Politiker:innen wie Gertrud Bäumer, sympathisierte mit feministischen Bewegungen. Ihre Kinder schickte sie bildungsprogressiv auf die Lichtwarkschule, unterzog sie der anthroposophischen Jugendweihe. Jahrelang stand ein ausgestopfter Rabe auf ihrem Schreibtisch. Vielleicht, um diejenigen abzuschrecken, die sie beim Denken störten.

Ich könnte mir vorstellen, dass sie sich über eine Journalistin in der Familie gefreut hätte. Allerdings hätten wir uns heute vermutlich schnell in der Wolle. Wir würden uns in Überzeugungen verhaken, zwischen denen Jahrzehnte, Kriege und ein paar weltgeschichtliche Aha-Erlebnisse liegen. Zwei Dickköpfe, die sich nicht zu schade wären, über (de)koloniale Weltsichten oder gendergerechte Sprache zu streiten. Möglich auch, dass wir an Fragen von Zugehörigkeit, Nationalität und Privilegien scheitern würden. Aber vielleicht hielte unsere Neugier die Differenzen auch in Schach – die Erfahrung, nie ganz in das Umfeld gepasst zu haben, das Volksdorf für uns beide war.

Man sieht es den akkurat geschnittenen Hecken noch immer an, wie sehr sich hier manche an der gesellschaftlichen Etikette festhalten. Die roten Klinker grüßen rechts und links – vertraut, aber auf höfliche Distanz bedacht. Aus manchen Häusern weht mir noch leise Abwehr entgegen. Eine Erinnerung an Tage, in denen meine Anwesenheit vor allem diejenigen störte, die sich um ihre Zugehörigkeit zur Volksdorfer Bourgeoisie sorgten.

Ich fühle mich *heimisch* zwischen reetgedeckten Häusern und neuen Wohnsiedlungen, die in vergangenen Jahren hinzugekommen sind. Doch das Fremdeln aus Kindertagen sitzt tief. Nach dem Besuch bei Familie S. sehe ich mich in Volksdorf zum ersten Mal seit langem wieder richtig um. Natürlich ist der Ort mehr als die Summe seiner Alarmanlagen. Da ist der Rodelberg an den U-Bahngleisen, der Weinladen am Park, der mal eine Eisdiele war, der *Rummel* auf dem Marktplatz, die Bibliothek, in der ich Stunden verbracht habe. Ich erinnere mich an wunderbare Lehrer:innen, nette Nachbar:innen, Felder, Wälder, Grundschule und Gymnasium, zu denen ich im Tross mit anderen Kindern des «Dorfes» lief. Endlose Möglichkeiten für alle, denen man herkunftsbedingt keine Steine in den Weg legte – und meist auch für mich.

Irgendeinen Preis zahlt wahrscheinlich jede:r für das Gefühl von Zugehörigkeit. Ob es das Imitieren wohlständischer Souveränität ist oder das Aneignen rechtschaffener und aufgeräumt wirkender Vorstadtattitüde. Als meine Großeltern starben, begannen meine holprigen Anpassungsversuche. Zehn Jahre lang hatten meine Mutter und ich mit ihnen zusammengelebt. Mit den beiden Alteingesessenen hatten wir das Ideal der heilen Kleinfamilie auf verschobene Weise erfüllt. Ohne sie fielen wir auf einmal unangenehm auf.

Auf einmal schien das Reihenhaus, in dem wir wohnten, zu leise, der homogene Vorort, in dem es stand, zu eng. Ein Schwarzes Mädchen mit Ferienvater, der in Spanien lebte, schien ebenso wenig hineinzupassen wie eine überlastete, alleinerziehende Krankenschwester im Schichtdienst. Die lustige, exzentrische Familie, die wir mit meinen Großeltern gewesen waren, gab es nicht mehr. Nur noch ein deplatziertes Mutter-Tochter-Gespann, das den Konventionen nicht standhielt. Plötzlich schämte ich mich für unser Anderssein und hielt es, so gut es ging, versteckt.

Ich schämte mich für die altmodische Einrichtung, die meine Großeltern uns hinterlassen hatten. Für das Mikrowellenessen, das es fortan gab, für das Zerbröseln von Familientraditionen, die dem Stress des Alleinerziehens zum Opfer fielen. Ich verstand die schroffe Distanziertheit nicht, mit der meine Mutter sich in jenen Jahren vor der Welt verbarg. Warum sich ihre Selbstbestimmtheit, ihre Autonomie, Toleranz und ihr riesiges Herz ohne den Rückhalt von Gleichgesinnten im Alltag aufzureiben drohten.

Nach ein paar Jahren fand sie aus dem Loch, das meine Großeltern hinterlassen hatten, heraus und zurück zu alter Form. Da war sie wieder: die Frau, die sich wie ihre Mutter und Großmutter gegen die Konventionen im Volksdorfer Wohlstandsmilieu stemmte. Die unser Leben zwischen Spanien und Deutschland organisierte und mich lehrte, dass sich im Stirnrunzeln mancher Nachbar:innen nur die Sehnsucht nach eigenen Ausbrüchen verbarg.

Jenseits des Sommers sparten wir für das Familienleben, das in den Ferien bei meinem Vater stattfand. Für Wochen in Andalusien, die uns Erfahrungen fernab der aufgeräumten Vorstadt bescherten. Aus Erzählungen kannte ich Geschichten über die guineische Familie, und sie erinnerte mich an die Volksdorfer Verwandtschaft: eine Großmutter, die eine Farm auf Bioko betrieb, eine Tante, die als Psychologin im spanischen Exil lebte, Cousinen, die sich an Jesuitenschulen auf den diplomatischen Dienst vorbereiteten. Aus der Fremde bestätigten sie, was sich in unserem Hamburger Reihenhaus bereits angedeutet hatte: Identitäten waren komplexer und Lebenswege wandelbarer, als mein restliches Umfeld es mir vorgaukelte.

Aber nicht in meinen wildesten Träumen hätte ich mir vorstellen können, wie der Umgang mit Diversität sich verändern sollte. Es war nicht abzusehen, wie sehr das homogene Verständnis von Gesellschaft, das ich aus Kindertagen kannte, im 21. Jahrhundert über den Haufen geworfen würde. Wie die Fassade einer vermeintlich homogenen Bevölkerung bröckeln sollte. Heute machen Aktivist:innen in unterschiedlichsten Kontexten auf intersektionale Unterdrückungsmechanismen aufmerksam. Wissenschaftler:innen beleben die Forschung mit superdiversen Betrachtungen zum Thema Zugehörigkeit. Medien haben sich ein sozialwissenschaftliches Vokabular angeeignet, mit dem die Vielfalt gesellschaftlicher Erfahrungen greifbarer wird.

Und doch bleibt ein hartnäckiger Widerstand in der Gesellschaft zurück. Einer, der gegen die immer lauteren Forderungen nach Gleichberechtigung und Teilhabe rebelliert. Der sich gegen die Verflechtungen diverser Lebensrealitäten stemmt. Es ist ein Widerstand, der mich seit Jahrzehnten begleitet. Bis heute schleift er den Zweifel an meiner Zugehörigkeit hinter sich her. Er manifestiert die Exotisierung einer scheinbar komplizierten Familiengeschichte. Die Skepsis vor der Selbstverständlichkeit, mit der meine vielen Identitäten ineinandergreifen. Und gelegentlich, wenn es mir zu viel wird, lasse ich ihn zeternd zurück.

Aus beruflichen und familiären Gründen bin ich oft unterwegs und begegne Menschen, deren Zugehörigkeitsräume sich mit meinen überschneiden. Als die Corona-Pandemie ausbrach, wurden die Zugänge zu diesen Räumen spärlicher. Je engmaschiger die Lockdowns angeordnet wurden, desto mehr entglitt mir die Gewissheit, Teil eines diasporischen, globalen Ganzen zu sein. Als endlich Licht am Ende des Tunnels aufflackerte, schien die Welt geschrumpft.

Ich hatte mich daran gewöhnt, dass Berufs- und Sozialleben sich innerhalb eng abgesteckter Grenzen abspielten. Und auf gespenstische Weise erinnerte die Berliner Nachbarschaft, die nun meinen Bewegungsradius absteckte, mich an das alte Volksdorf. Sie schien sich in gleichförmig sozio-kultureller Struktur von jener Vielfalt abzuschotten, die mein Leben bislang geprägt hatte. Eine Weile blickte ich desillusioniert auf mein scheinbar homogenes Umfeld. Es dauerte einen Moment, bis ich die erstaunliche Diversität in meiner Nachbarschaft wahrnahm.

Ich weiß nicht mehr, ob es das Gespräch mit einer Nachbarin war oder die kurze Begegnung mit einem Unbekannten an der Supermarktkasse. Doch auf einmal begann Berlin-Pankow, wohin ich vor einigen Jahren gezogen war, vielschichtigere, kompliziertere und fragilere Züge anzunehmen als das monolithische Außen, das ich bislang gesehen hatte.

Als ich mich in dem engen Raum, auf den Corona mich zurückgeworfen hatte, genauer umsah, wurde es immer deutlicher: Ich hatte – bewusst oder unbewusst – Begegnungen verhindert, in denen ich Ausgrenzung witterte. Und nun, da das *Überall*, in dem mein Privat- und Arbeitsleben lange stattgefunden hatte, bis auf unbestimmte Zeit versperrt blieb, drohte meine Fantasie in Sachen Begegnung und Austausch einzugehen. Als mir dies klar wurde, machte ich mich sehnsüchtig auf die Suche nach neuen Verbindungen.

Dieses Buch geht der Frage nach, warum mich die Volksdorfer Vergangenheit dabei stets einholte. Es beschreibt den Versuch, die eigenwillige Vielfalt meines Alltags in Vergangenheit und Gegenwart auszuloten. Es probiert, Verbindungen zwischen der internationalen Erfahrung und dem unmittelbaren Umfeld herzustellen, in dem ich heute lebe. Und es erzählt, warum ich Nachbar:innen, Arbeitskolleg:innen, Freund:innen und meiner Familie in Fremdheit verbunden bin. Wie ihre Erfahrungen mir als Kompass zur eigenen Verortung dienen.

Auf dem Weg durch ihre und meine Geschichten stieß ich auf ein Missverständnis, das sich hartnäckig hält: die Vorstellung, dass Fremdheit ein exklusiver Begriff ist. Es ist erstaunlich, wie oft die Wahrnehmung von Fremdheit heute auf marginalisierte Minderheiten projiziert wird. Denn weisen nicht *jede* Biografie und Erfahrung, *jede* Identität und Persönlichkeit eine schwindelerregende Komplexität auf? Sind wir nicht alle multikollektive Wesen mit einer Vielzahl persönlicher Zugehörigkeiten?[1] Sind wir einander und uns selbst nicht alle fremd?

Bereits vor über dreißig Jahren hat die Schriftstellerin und Philosophin Julia Kristeva die Abwehrmechanismen gegenüber der eigenen Fremdheit genau beschrieben. Sie hat das fremde Selbst als Tabuzone skizziert und die Angst vor dem unbekannten Anderen als Projektionsfläche. Ihr Rezept für den Umgang mit der Angst: die persönlichen Verbindungen mit der Welt ohne Netz und doppelten Boden zu erkunden. Doch drei Jahrzehnte nach der Veröffentlichung ihres Buches fällt es mir noch immer nicht leicht, der Vielstimmigkeit meiner Identitäten Raum zu lassen.

In der erzählenden Sachbuchliteratur lässt sich kaum noch jemand davon abhalten, dem verstrickten, verflochtenen und multiperspektivischen Ich Raum zu widmen. Trotzdem hat die Skepsis vor der vermeintlichen Selbstdarstellung mich lange umgetrieben. Erst nach Jahren der journalistischen Distanz habe ich meinen Weg ins biografische Erzählen gefunden. Mit einer Kolumne habe ich mich an ein Ich herangeschlichen. Habe es von verschiedenen Seiten betrachtet, erstaunt darüber, wie selbstbewusst es sich auf Papier gab. Mal war es ein lautes, mal ein leises Ich. Und in jeder Tonart schrieb es auf eine Hoffnung hin: gesehen und erkannt zu werden.

Erst beim Schreiben dieser Texte schien die Distanz auf, mit der ich mich von einer *weißen* Mehrheitsgesellschaft abgeschottet hatte. Ich erkannte antrainierte Rückzugsstrategien, die mich vor Verletzung und Ausschlussmechanismen hatten schützen sollen. Die Verdrängung persönlicher Erfahrungen, Wahrnehmungen, Perspektiven. Doch wie sollte ich als handelnder Teil dieser Gesellschaft verstanden und wahrgenommen werden, wenn ich entscheidende Teile meines Selbst verbarg?

«Wenn die eigene Herkunft schamvoll und erdenschwer auf einem lastet, ist es viel schwieriger, politisch mündig zu werden oder sich politisch zu organisieren», schreibt Daniela Dröscher.[2] Als ich ihre Zeilen in einem Kolumnenbeitrag las, war ich erleichtert. Ich war offenbar nicht allein: Andere verbargen auch vieles von sich und vor der Welt. Vielleicht sogar diejenigen, die in der sogenannten Mehrheitsgesellschaft geschmeidig untertauchen konnten.

Doch wie sich auf nachbarschaftlichen Streifzügen herausstellte, beflügelte diese Gemeinsamkeit die Begegnung kaum. Sobald ich vor die Haustür trat, sah ich es deutlich: Die Superdiversität schien auf wackeligen Beinen zu stehen.

In Berlin-Pankow, wo ich in einem gemeinschaftlichen Bauprojekt lebe, hat sich an einigen Stellen ein behütetes Vorstadtleben neu etabliert; «Bodentiefe Fenster» und alles, was die Schriftstellerin Anke Stelling so eindrücklich beschreibt. Doch das Bild dieses beschaulichen Alltags zerbröselt bereits vor dem Supermarkt um die Ecke. Seit Jahren sitzen dort bedürftige Menschen zwischen Einkaufswagen und Laufkundschaft und hoffen auf ein bisschen Kleingeld. Und um die meisten von ihnen machen die Einkäufer:innen einen Bogen. Allein ihre Anwesenheit scheint unsichtbare Grenzen heraufzubeschwören.

Auch an der S-Bahnbrücke, die in den *wilden Westen* führt, sind die Berührungsängste allgegenwärtig. An der Grenze zum Wedding prallt die neue Pankower Bürgerlichkeit auf eine Welt, in der nicht nur *fremde* Armut, sondern auch *fremde* Kulturen, *fremde* Sprachen und die Fremdheit fehlender Möglichkeiten existieren. Innerhalb von wenigen Metern ändert sich die Straßenansicht: Andere Menschen,

Geschäfte und ein anderes Tempo lassen zwei Bezirke aneinander abprallen. Und viel zu leicht lässt sich dabei übersehen, dass das Bedürfnis nach Zugehörigkeit auf beiden Seiten gleich groß ist. Im Bioladen, in der Dönerbude, in der Eckkneipe – irgendwo will jede:r Stammgast sein.

Immer mehr Bücher erscheinen, die von der Verbundenheit diverser Gesellschaften erzählen. Sie halten mich dazu an, von flexibleren Zugehörigkeiten zu träumen. Ob Didier Eribons Erinnerungen an seine Kindheit in Reims oder Iris Sayrams Hommage an ihre Mutter: Verschiedenste Erzählungen wecken die Hoffnung, dass die Sichtbarmachung diverser Erfahrungen zur Durchlässigkeit ermutigt.

«Wenn wir ihn [den Fremden] in uns erkennen, verhindern wir, dass wir ihn selbst verabscheuen», schreibt Julia Kristeva. Doch bei aller poststrukturalistischen Sehnsucht hinkt die Realität der Fluidität hinterher. Nicht immer deckt sich die literarische Sehnsucht mit dem Leben jenseits des Schreibtischs. Wo also beginnt für mich die Fremde? Unter welchen Bedingungen lässt sich Unbekanntes in Verbundenheit übersetzen? Mit diesen Fragen bin ich gedanklich aufgebrochen.

Ich bin zum Haus meiner Urgroßeltern gefahren, um dem fremden Großbürgertum zu begegenen. Ich habe mit meiner Mutter über Kolonialgeschichte(n) diskutiert und bin über eigene Fremdheitsbilder gestolpert. Ich habe zwischen Pankow und Wedding über Grenzen nachgedacht und Menschen an Arbeitsplätze begleitet, an denen ich mich spektakulär fehl am Platz fühlte. Ich habe Nachbar:innen kennengelernt, nur um erschüttert festzustellen, dass ich mich ähnlich abgeschottet hatte wie das Volksdorfer Alarmanlagen-Milieu. Die Nachbarin aus Sri Lanka, die ein paar Häuser weiter wohnt, habe ich erst wahrgenommen, als ihre Tochter bei uns auf die Schule kam. Den Pankower Schriftsteller, der in «meinem» Viertel aufgewachsen war, erst, als ich ihn für dieses Buch interviewte. Und ganz langsam habe ich mich an eine persönliche Verortung der Fremde herangetastet, die jenseits bekannter Sehnsuchtsorte lag.

Meine Urgroßmutter reiste zu Beginn des 20. Jahrhunderts nach Lille, um unter dem Vorwand der Hauswirtschaftslehre bei einer betuchten französischen Familie das Anderswo zu erkunden. Mein Großvater setzte sich zwanzig Jahre später im ländlichen Westfalen in den Kopf, zur See zu fahren, und wurde Kapitän. Meine Mutter kokettierte mit der Seefahrt und scheiterte an Geschlechterkonventionen. Sie wurde Krankenschwester und steuerte 1970 in die Beziehung mit meinem Vater. Die Disko, in der er damals arbeitete und in der sie ihn kennenlernte, lag auf ihrem Weg vom Strand zum Hotel. Seine Familie hatte ihn an die Hotelfachschule nach Andalusien geschickt, wo er feststeckte, weil Äquatorialguinea kein sicherer Ort mehr war. Aus gänzlich unterschiedlichen Gründen waren sie an der Costa del Sol gelandet und nutzten die Freiheit, die sich ihnen dort bot, um ihre Beziehung unbeschwert zu leben.

In andalusischen Hinterhof-Restaurants, Bars und Clubs grüßte man meine Mutter und mich früher überschwänglich und beim Vornamen. Mit Beginn der Sommerferien kamen wir zuverlässig wieder. Juli und August verbrachten wir in Urlaubslaune bei meinem Vater. Den Rest des Jahres lebten wir in bürgerlicher Aufgeräumtheit bei meinen Großeltern in Hamburg. Mein schwereloses Mittelmeerleben und die bodenständige deutsche Vorstadt: Immer wieder krachten sie mit Karacho ineinander. Weil sie das Fremde aneinander witterten und kaum aushielten.

Jedes Jahr nahm mein spanisches Leben mich mit seinen unverkennbaren Gerüchen in Empfang – einem Hauch von Orangen, Churros und starken Putzmitteln, der in der Luft hing. Es war der Geruch meiner temporären Heimat – frittierte Tapas, Chlorlauge, eine Mischung aus Bougainville und strengem Männerparfüm. Ich erinnere mich vor allem an den Duft von alten Holzbänken, Bierfässern und Tabak im «Gallopping Major». Meist kehrten wir sofort dort ein. Wir kehrten ein und kehrten zurück. Manolo, der Wirt, gab Longdrinks aus, mein Vater Schnäpse. Es wurde getrunken, bis ich zusammengerollt auf einer Bank neben dem Spielautomaten einschlief. Und wenn ich am nächsten Morgen aufwachte, wusste ich, dass ich auch hier zu Hause war.

Den Weg vom Apartment zum Strand fand ich mit geschlossenen Augen. Ich schwebte durch Wochen, in denen sich niemand darüber wunderte, dass der beste Freund meines Vaters Männer küsste oder die Nachbar:innen kurzentschlossen nach Las Vegas umzogen. Durch Wochen, in denen die Ferienliebe meiner Eltern Normalität war.

Als Manolos Herz noch zuverlässig und im Takt schlug, fanden die Abende in seiner Bar kein Ende. Mittlerweile steht sein Sohn hinterm Tresen, und gegen 22 Uhr ist oft Schluss. Viele der alten Freund:innen leben nicht mehr. Eine ungewohnte Ruhe beherrscht heute die Treffen mit meinem Vater.

Bei meinem letzten Besuch saßen wir fast alleine in einer Bar am Strand. Es war früher Nachmittag, die Sonne spiegelte sich in den Fenstern eines runtergekommenen Hotels, das Meer wippte auf und ab, und am Horizont lag ein Kriegsschiff. Ich fixierte das graue Ungetüm, dachte an die Abwehrhaltung gegenüber vermeintlichen «Eindringlingen», die seit 2015 angeblich immer unkontrollierbarer vor «unseren» Mittelmeerküsten aufliefen. War auch mein Vater gemeint? War er wirklich einst ungebeten nach Europa gekommen? Hatte das *Mutterland* ihm die fremde Kultur nicht viel eher aufgedrängt?

Meine Mutter und er waren sich zu einer Zeit begegnet, in der die Meeresspiegel noch relativ unbemerkt stiegen und Surfer:innen noch keinen geflüchteten Menschen aus dem Wasser halfen. Es gab weder Frontex noch Sea-Watch, dafür reichlich Sonnenschirme und Tinto de Verano. Doch selbst in der Urlaubsunbeschwertheit der 1970er Jahre bewegten sich meine Eltern unter absolut unterschiedlichen Vorzeichen durchs Leben. Der eine schien stets *fremder* als die andere. Wer weiß, ob sie sich abseits der Costa del Sol kennengelernt hätten, ob sie bis heute befreundet wären. Vielleicht hätten unterschiedliche Nationalitäten, Biografien, Hautfarben sie an einem anderen Ort voneinander ferngehalten.

Die Schriftstellerin Zadie Smith spielte 2016 in ihrer Dankesrede zum «Welt»-Literaturpreis mit der Überlegung, wie weit sie kommen würde, wenn sie durch die Zeit reiste, und befand: nicht weit. Denn wie hätte das Leben für eine Schwarze Frau im Mittelalter, im kolonialen Afrika oder während der Jim-Crow-Ära in den USA ausgesehen? Bis heute schreiben sich die Erfahrungen, die Schwarze Menschen über Jahrhunderte gemacht haben, fort. Selbst für diejenigen, die bestimmte Privilegien genießen. Zadie Smith etwa verfügt, wie ich, über einen Pass, mit dem sie wahrscheinlich in jedes Land der Welt einreisen könnte. Sie verfügt über Netzwerke, hat Literaturpreise gewonnen und in Cambridge studiert. Doch selbst das beste Rüstzeug schützt nicht zuverlässig vor Exklusion und Diskriminierung.

Knapp zehn Jahre bevor Smith ihre Dankesrede hielt, hatte ich es wieder mal selbst erlebt. Zusammen mit ein paar Kolleg:innen war ich in den Nullerjahren nach Johannesburg geflogen und lief durch die Empfangshalle des O. R. Tambo-Flughafens. Der damalige Außenminister Frank-Walter Steinmeier hatte eine Reise durch die Stadt geplant und kurzfristig abgesagt. Nun waren wir auf uns gestellt – bei Botschaftsempfängen und Plaudereien über «Afrikas Aufstieg». Ich war die Erste, die das Schild mit unseren Namen entdeckte. Entschlossen ging ich auf die Frau zu, die es in der Hand hielt – eine Mitarbeiterin unseres Gastgebers. Ich lächelte sie an, streckte ihr meine Hand entgegen. Doch sie sah stur an mir vorbei. Ich hielt die Hand direkt unter ihre Nase, sie ignorierte mich weiter. Mein Name stand zwischen all den anderen auf ihrem Schild, ich sprach ihn überdeutlich aus. We-llers-haus. Irgendwann dämmerte es ihr. Sie schlug ein, noch immer irritiert. Dann entschuldigte sie sich: «Mit Schwarzen Deutschen habe ich nicht gerechnet.»

Es war eine jener Reisen, die mich als Journalistin veränderten. Die Geschichten vieler Johannesburger:innen blieben mir im Gedächtnis. Und meine Texte wurden bestimmter. Ich entwickelte eine deutlichere Haltung, begann, Menschen zu porträtieren, denen man in unterschiedlichsten Kontexten die Zugehörigkeit absprach. Ich hinterfragte die Negativkonnotationen, die wie Pech am Begriff des Fremden zu kleben schienen. Und auch in Deutschland machte ich mich endlich auf die Suche nach den blinden Flecken, über die Autor:innen wie May Ayim, Fatima El-Tayeb oder Natasha A. Kelley geschrieben hatten.

Als ich vor einigen Jahren auf die Thesen des US-amerikanischen Literaturwissenschaftlers Michael Rothberg stieß, sprachen auch sie sofort zu mir. Das multiperspektivische Selbstverständnis, mit dem er unter anderem Schlüsse aus der eigenen Biografie zog, leuchtete mir umgehend ein. Als Nachkomme jüdischer Menschen, die zu Beginn des 20. Jahrhunderts vor dem Antisemitismus in Osteuropa geflohen waren, entwickelt er in seinem jüngsten Buch einen persönlichen Bezug zum Begriff des «Verstrickten Subjekts». Denn durch die Migration seiner Familie in die USA ist er als *weiß* gelesener Mensch auch Teil einer dominanten Mehrheit. Und die Frage, die sich daraus ergibt, lautet: Wie lässt sich gemeinsam Verantwortung für die Vergangenheit übernehmen?

Für mich deutet Rothberg damit an, wie divers Erinnern, persönliches Erleben von Vergangenheiten und die Komplexität historischer Verbindungen sein können. Auch mir ist das komplizierte Eingebettet-Sein in konkurrierende Historien vertraut. Unter anderem muss ich als Schwarze Deutsche ausloten, wie ich die eigene Identität innerhalb verschiedener Erinnerungskulturen verorte.

Wenn in meiner Schulzeit das Thema Holocaust zur Sprache kam, dann verstand ich die inhaltliche Sonderbehandlung genau. Ich begriff, warum die Taten von Nationalsozialist:innen und die Unterlassungen von Mitläufer:innen als mahnendes Beispiel für die vielschichtigen Grausamkeiten standen, zu denen Menschen fähig waren. Ich sah meine Verantwortung in der Auseinandersetzung – und doch haderte ich damit, mir die Scham einer Gesellschaft anzueignen, die meine Zugehörigkeit konsequent in Frage stellte.

Vielleicht ahnte ich bereits, dass es andere Menschheitsverbrechen gab, denen eine ganz eigene Grausamkeit innewohnte. Doch das Wissen um Kolonialismus und Versklavung blieb ein vages, versteckte sich im Geschichtsunterricht in Randnotizen. Für das deutsche Bildungssystem schienen die Geschichten Schwarzer Menschen in jenen Tagen keine Relevanz zu haben. Also konzentrierte ich mich auf eine Gegenwart, in der ich mit den politischen Ambitionen meines Vaters prahlen konnte. Mit seiner klaren Haltung gegenüber dem repressiven Regime in Äquatorialguinea und der völlig zufälligen Tatsache, dass *wir* zu den unterdrückten Bubi gehörten, nicht zu den herrschenden Fang. Ich ging einem äußerst problematischen Tribalismus auf den Leim, nur um auch mal auf «der richtigen Seite» zu stehen. Unbeholfen bastelte ich an einer Identität jenseits der Mehrheitserfahrung.

Bei Fahrradtouren durch Berlin, von Pankow über den Wedding nach Mitte oder Kreuzberg, erscheinen mir das homogene Umfeld und die eindimensionalen Perspektiven aus Kindertagen geradezu surreal. Von «fremden Kulturen» und klaren Zugehörigkeiten lässt sich in den meisten europäischen Großstädten kaum noch sprechen. Es leben Alteingesessene neben Neuzugezogenen. Es existiert eine Vielfalt an Religionen, Sprachen und kulturellen Gewohnheiten vor der eigenen Haustür. An Weltanschauungen, sexuellen Identitäten und sozialen Schichten. Doch inmitten von Superdiversität und Multikollektivität haben Menschen, die von der «Mitte der Gesellschaft» aus als randständig angesehen werden, noch immer schlechte Karten, wenn es um Mitbestimmung geht – darum, die eigene Geschichte sicht- und hörbar zu machen.

Eine Kindheit mit alteingesessener *weißer* deutscher Familie und Bildungsmöglichkeiten haben mir Privilegien mit auf den Weg gegeben. Und doch scheitere ich als Schwarze Frau daran, mich in dieser Gesellschaft stabil zu verorten. Es fällt mir nicht immer leicht, moderate Töne zu finden, meine Stimme zwischen laut und leise modulieren zu lassen. Nie ganz sicher, ob sie schreiend oder flüsternd mehr Gehör findet. Vor dem Haus meiner Urgroßeltern hatte ich die Sprachlosigkeit mit einstudierten Floskeln überspielt. Wirklich zurück kam die Stimme erst, als ich Frau S. schrieb. Als ich mich vorstellte und erklärte, welche Verbindung ich zu ihrem Haus hatte – und sie einen Streifblick auf die unbekannte Geschichte ihres Grundstücks werfen konnte. Als sie mir schrieb, sie habe sich die Bilder meiner Großmutter auf der Terrasse angesehen und sei neugierig geworden.

In meiner Erinnerung steht meine Oma am Küchenfenster unseres Reihenhauses. Morgens, mittags, abends – den Kochlöffel in der einen, ein Kreuzworträtsel in der anderen Hand. Sie kommentiert das Geschehen auf der Straße, hat die Nachbarschaft fest im Blick, den Mariacron auf der Fensterbank auch. Hin und wieder brennt das Gemüse auf dem Herd an, und im Herbst köcheln die Quitten gemächlich in großen Emaille-Töpfen. Mein Großvater fährt irgendein Containerschiff nach Südamerika, während sie zu Hause alles im Griff hat. Es heißt, sie hätte mich durch unsere Straße geschoben, kurz nachdem meine Mutter und ich aus Spanien zurückgekommen waren. Sie soll allen Nachbar:innen das Gleiche erzählt haben: «Der Vater meiner Enkelin kommt aus Afrika und lebt heute in Spanien. Wer ein Problem damit hat, kommt zu mir.» In ihrer Anwesenheit wagte selten jemand, eines zu haben.

Nach allem, was das 20. Jahrhundert ihr vor die Füße geworfen hatte, war ihr Ton robust geworden. Aber ich hörte nur die Zärtlichkeit in ihrer Stimme. Für mich war meine Großmutter die Frau, die das Boot steuerte, in dem wir alle saßen. Diejenige, die mich sicher durch die Nachbarschaft navigierte und mit der ich jeden Samstag den Weg durch die suburbane Fremde antrat. Vorbei an Villen und Wiesen liefen wir entlang der Hauptstraße zum Wochenmarkt. Höhepunkt unseres Ausflugs war oft ein völlig unnötiger Stopp: das Reisebüro in der «Weißen Rose».

Mit Beginn der 1980er Jahre hatten die meisten Volksdorfer:innen sich an das namensgebende Mahnmal des Dorfzentrums gewöhnt – eine überdimensionale steinerne Rose, die an den studentischen Widerstand erinnern sollte. Für umfassendere Vergangenheitsbewältigung war unser Dorf noch nicht bereit, doch es gab Mittel und Wege, um der gedanklichen Enge zu entfliehen. Mit jedem Besuch im Reisebüro füllte sich meine Sammlung an Katalogen. Aus der Werbung strahlten mir fröhlich fremde Orte entgegen, aus denen ich daheim ein Portfolio meiner Welt-Sehnsucht bastelte. Von den Deckblättern der Magazine zwinkerten bunte Vögel, Frauen mit Kopftüchern oder fast nackte Menschen und versprachen «Abenteuer» jenseits der Vorstadt. Wie sehr die Reiseunternehmen im neokolonialen Habitus den «Rest der Welt» verscherbelten, bemerkte ich nicht. Das Versprechen des Anderswo verfing unhinterfragt.

Vielleicht wäre ich weniger empfänglich gewesen, wenn ich mich unserem Viertel auch ohne die Bestimmtheit meiner Großmutter zugehörig gefühlt hätte. Vielleicht hätte ich mich nicht so sehr nach Katalogwelten gesehnt. Hätte meine Haare akzeptiert, anstatt sie nach dem

Tod der Oma bei ihrer Frisörin ins geglättete Unglück zu stürzen. Vielleicht wäre ich nicht so schnell weggezogen. Doch der Spagat zwischen Abgrenzung und Anpassung war in Volksdorf eine heikle Übung. Selten war gegen das Fremdeln der Mehrheit etwas auszurichten. Selbst meine Großmutter sah fassungslos zu, wenn mir bei Busfahrten in den Ortskern Zehnpfennigstücke zugesteckt wurden – einmal auch eine Banane.

Ich habe mir lange nicht eingestanden, welchen Preis ich für die Zugehörigkeit gezahlt habe. Wie oft ich runtergeschluckt und weggelacht, verdrängt und verharmlost, wie ich die vermeintliche Fremdheit internalisiert und angenommen habe, anstatt sie zu verhandeln. Wie mühsam der Weg vom homogenen Hamburger Vorort bis zur Vielfalt meines heutigen Lebens war. Und wie sehr die Auseinandersetzung mit meiner deutschen Familie davon betroffen ist – die Beziehung zu meinem Mann, meinen Kindern, Freund:innen, Arbeitskolleg:innen.

Ohne die Perspektiven auf unsere unterschiedlichen Erfahrungen aber bliebe mein Blick verstellt. Ohne das diverse *Wir*, das meine Verbindung zu ihnen beschreibt, wäre meine Sicht auf die Probleme der Gegenwart erschütternd eindimensional. Ohne den Glauben an ein *Wir*, das sich nicht in Harmonieerzählungen und nicht in der Panik vor Fremdheit verliert. Die Schriftstellerin Toni Morrison schreibt über dieses *Wir*, es müsse «Unterschiede aushalten, ohne die Abweichungen des anderen zum Vorwand für Abwertung zu nehmen».

Wenn ich diesem *Wir* begegnen will, muss ich wahrscheinlich akzeptieren, dass die Fremde auch für mich in unmittelbarer Nähe beginnt. Sie schleicht sich in meine Baugruppe und setzt sich auf den Balkonen alteingesessener Nachbar:innen fort. In der Männergruppe neben meinem Büro wirkt sie ähnlich verschwommen wie bei förmlichen Abendveranstaltungen. In Gesprächen mit jungen Kolleg:innen blitzt sie auf, in manchen Volksdorfer Häusern ist sie allgegenwärtig. Und es liegt immer auch an mir, ihr zu begegnen.

«Identität besteht aus einer Reihe von Entscheidungen und Haltungen gegenüber einer bestimmten Sozialisierung, einem Familienerbe, bestimmten Erfahrungen», schreibt die französische Journalistin Cécile

Calla. Der Emaille-Topf, in dem meine Großmutter ihre Quittenmarmelade einkochte, steht in meinem Berliner Keller, daneben die Seemannskiste meines Großvaters. Ihre Ahnenpässe liegen in einer Schreibtischschublade, an der Wand gegenüber hängt ein Bild von meiner Mutter. Die kitschige dreibeinige Spieluhr, die mein Vater mir vor Jahrzehnten geschenkt hat, dient als Buchstütze im Regal daneben. Verstrickte Familie auf fünfzehn Quadratmetern Arbeitszimmer.

Ich sitze am Schreibtisch und blicke auf den Kalender – zwei pandemische Jahre sind vorbei. Zeit, um fremde Nachbarschaften zu erkunden.

KAPITEL 2

Nachbarschaften

Ich traue mich nicht, an neuen Orten zu schlafen,
wo mein Kopf auf Alpträume fällt.
Jeder neue Ort ist ein neues Tor zur Einsamkeit.
Aber ich sehe dein blondbraunes Haar:
Es stellt der Sonne eine Falle,
verleiht ihr ihre Farben
und schenkt ihr einen zärtlichen Vorhang.

Lina Atfah

An manchen Tagen scheint die Wohnung, in der ich lebe, direkt an meine Kindheit anzugrenzen. Dann wirken die Grundpfeiler aus Wohlstand, Sicherheit und Homogenität, die meine Baugruppe tragen, wie ein verzerrtes Volksdorf – immun gegen «fremde» Einflüsse. Bis heute habe ich an solchen Tagen Ausbruchsfantasien aus dem Paradies. Vor allem im Frühling, wenn die ersten Sonnenstrahlen rauskommen.

Als Kind packte ich um diese Zeit immer einen kleinen Rucksack, stellte mich in die Kurve an unserer Straße und wartete aufs Flughafentaxi. Leider kam es immer erst im Sommer. Erst wenn in der Nachbarschaft die Sonnenschirme aufgeklappt wurden, die Teewagen auf die Terrassen rollten und sich vor Eisdielen Schlangen bildeten, fuhren meine Mutter und ich nach Spanien.

In Pankow schwinge ich mich aufs Rad und fahre unter der S-Bahnbrücke hindurch in den Wedding. Etwas an den Sozialwohnblocks im Viertel erinnert mich an die Bettenburgen, die an der Costa del Sol stehen. Daran, dass es nicht eine einzige Nachbarschaft sein muss, der man sich zugehörig fühlt. Dass ein Zuhause hier wie dort liegen kann.

In den kühleren Monaten erschien mir unser andalusisches Leben früher unwirklich. Wie eine parallele Wirklichkeit zur aufgeräumten Hamburger Vorstadt. Bars und Clubs an der Costa del Sol hielten sich selten an Altersbeschränkungen. Mein Vater gab hinterm Restauranttresen kein Volksdorfer Elternvorbild ab. Und wenn ich nach langen Abenden zerknittert aus dem Bett kroch, schien die temporäre Freiheit mit der Ferienfamilie zu schön, um wahr zu sein. Es war abenteuerlich, wenn mein Vater uns an flirrenden Abenden im Viertel präsentierte – wenn er der Nachbarschaft stolz demonstrierte, dass wir tatsächlich immer wiederkamen.

In unserer Abwesenheit wechselte er Wohnungen, Partner:innen, Jobs. Immer im Improvisationsmodus, immer skeptisch, ob Europa ihn je wirklich akzeptieren würde. Irgendwann zog er in eine kleine Straße abseits des Touristentrubels und blieb länger. Die Cafés, in denen er dort arbeitet, bewirten seit 30 Jahren dieselben Stammgäste. Vermutlich wird er sie bedienen, bis er umkippt. Zwischen Tapas und Tresengesprächen fühlt er sich leidlich zu Hause.

Vor kurzem verbrachte ich mit Mann und Kindern wieder ein paar Wochen in seiner Nähe. Nach ein paar Tagen kam der Hausmeister unseres Apartments auf mich zu. Er schwitzte, vielleicht, weil die sengende Mittagshitze ihm zusetzte. Vielleicht, weil ihm nicht wohl war. In der Nachbarschaft hatte es Beschwerden über meine Badegarderobe gegeben. Über Shirt und Hose aus dem Surf-Shop, die ich wegen meiner Sonnenallergie im Sommer trage. «Alltagskleidung ist im Pool verboten», sagte der Hausmeister und zeigte auf ein entsprechendes Schild. Ich beschrieb die Schwimmtauglichkeit meiner Kleidung, und meine Erklärung schien ihn zu überzeugen. Tragen sollte ich sie trotzdem nicht. «Es kommen leider immer mehr Menschen von ‹drüben›, die vollbekleidet in den Pool springen», sagte er achselzuckend. «Da sind die Nachbarn empfindlich geworden.»

Auch in Andalusien wächst die Islamophobie. Und im Zuge neuer Abgrenzungstendenzen verständigten die Nachbar:innen unserer

Wohnanlage sich darauf, dass ich eine Marokkanerin sein musste, die sich aus kulturellen oder religiösen Gründen nicht an lokale Gebräuche und Bikiniregeln hielt. Es kümmerte sie wenig, ob mein Outfit beim Hausmeister durchging oder nicht: Für ihr Verständnis zeigte ich unnatürlich wenig Haut beim Schwimmen. Ein Umstand, der als Fremdheitsattribut ausreichte, um dagegen vorzugehen.

In diesen Ferien schwamm ich nur noch im Meer. Und etwas an dem Erlebnis legte sich wie ein Schatten über ein lang gehegtes Kindheitsnarrativ. Der Gedanke, dass im gefühlt durchlässigen Umfeld meines Vaters die Angst vor Fremdheit grassierte, brachte meine Erinnerungen aus dem Tritt. Nach Jahren der Verdrängung begriff ich, mit welcher Wucht sich das Bedürfnis nach Abgrenzung längst auch in meinem Ferien-Zuhause breitmachte – dass es vermutlich immer da gewesen war. Selbst in der Nachbarschaft meines Vaters, wo seine Stammkundschaft seit Ewigkeiten ein und aus ging. In jener Straße, wo mich Obsthändler und Fleischer seit Jahrzehnten kannten.

Sie treffen sich mehrmals täglich zu Tapas und Getränken im Café. Der Zeitungsverkäufer, der Klatsch verbreitet, während seine Frau arbeitet. Der Journalist, von dem manche behaupten, er sei früher «Spion» gewesen. Die Restaurantbesitzerin, die den Laden schon schmiss, als ihr Mann ihn offiziell noch leitete. Fast alle sind noch da. Doch die Erinnerung an das einst mythisch beschworene Erbe von al-Andalus scheint ihnen abhandenzukommen. Die Tatsache, dass weiße Dörfer, raffiniert angelegte Gärten und viele andere andalusische Traditionen muslimisch-arabischen Ursprungs sind.

Manchmal trifft mein Vater noch Hamid in der Stadt. Wenn er auf dem Weg in die Kneipe ist und der alte Freund mit seiner Vespa durch die Straßen brettert. Meist bleiben ihre Gespräche in den 1960er und -70er Jahren hängen, als sie gemeinsam an den «tollsten Tresen der Küste» arbeiteten. Es war die Zeit, in der Diktator Francisco Franco aus wirtschaftlichem Kalkül Clubs, Drogen und erste Oben-ohne-Bilder an der Costa del Sol tolerierte. Als das rauschhafte Aufeinandertreffen fremder Menschen ihren Charme auszumachen schien.

Mittlerweile verbringt Hamid wieder viel Zeit mit der Familie in Marokko. Mein Vater hat die Straße, in der er lange gewohnt hat, verlassen. Die Mieten steigen – und Freundschaften kommen in die Jahre. Allein der Tresen hält ihn noch in Verbindung zur Nachbarschaft. Im Café ist er der Gastgeber, derjenige, zu dem die Leute kommen, um zu plaudern, um sich zugehörig zu fühlen. Selbst wenn die Vorzeichen für das, was in der Nachbarschaft als fremd oder vertraut gilt, sich wieder mal geändert haben.

Der Biologe und Geograf Jared Diamond bereist seit Jahrzehnten Papua-Neuguinea. 2006 schrieb er beeindruckt von einer Szene, die er am Flughafen von Port Moresby beobachtete. 75 Jahre zuvor hatten «erste» Kontakte zwischen australischen Forschungsreisenden und Menschen aus dem Hochland stattgefunden, die damals weitgehend ohne Schrift, Metall, Geld und Schulen lebten. In der Abflughalle von Port Moresby traf Diamond zu Beginn des 21. Jahrhunderts auf ihre Enkel. Sie trugen westliche Kleidung, Computertaschen, Armbanduhren, besaßen Mobiltelefone und Kreditkarten. Sie passierten mit Büchern unterm Arm das funktionierende Flughafensicherheitssystem und kämpften, wie Menschen in Industrienationen, mit Übergewicht. Das neuguineische Flugpersonal bewegte sich so selbstverständlich durchs Terminal wie die Kolleg:innen aus Paris und Mailand.

Diamonds Reaktion auf diese Szene ist interessant. Natürlich weiß er als Anthropologe um die Details des gesellschaftlichen Wandels im Land. Doch was ihn zu beschäftigen scheint, ist das Tempo: Innerhalb von drei Generationen hat sich der Lebensstil vieler neuguineischer Menschen vom frühzeitlichen zum postindustriellen verändert. Damit haben manche Bewohner:innen einen Sprung hingelegt, der «in großen Teilen der übrigen Welt Jahrtausende in Anspruch nahm».

Der Vergleich zwischen traditionellen Gemeinschaften und Industrienationen hinkt eigentlich immer. Doch ich lese aus Diamonds «Gegenüberstellung» auch leise Kritik an globalen Machtverhältnissenn heraus. Menschen in Papua-Neuguinea mussten sich die neue Lebensform in kürzester Zeit erschließen und schafften es, wie Diamond ausführt, sogar stellenweise, dem Druck westlicher Dominanz zu widerstehen. Europäische Gesellschaften sonnten sich derweil in vermeintlicher Überlegenheit, und das Resultat imperialer Selbstverständlichkeit ist bis heute ein skeptischer Umgang mit dem «außereuropäischen Anderen». Eine Skepsis gegenüber migrantischem und migrantisiertem Leben, die sich bis in spanische und deutsche Nachbarschaften drängt. Doch heute stößt sie auf eine superdiverse Gegenwart, mit der sie es erst einmal aufnehmen muss.

In den 1980er und -90er Jahren war Homogenität in meinem Hamburger Umfeld eine Selbstverständlichkeit. Die meisten Bewohner:innen waren *weiß*, in ihren Genderidentitäten unauffällig, ihr Leben entsprach gewissen Normen – und wenn es anders war, verhielten sie sich ruhig.

Oft habe ich damals beteuert, Rassismus träfe mich so gut wie nie. Es hat viele Jahre gedauert, das schleichende Gift der Ausgrenzung zu erkennen und zu benennen. Die schweigsamen Abendessen bei Eltern, die sich einen anderen Umgang für ihre Kinder wünschten. Die verwunderten Reaktionen, wenn ich gute Noten schrieb. Die Abwehr gegenüber meinem «ungewöhnlichen» Familienleben.

Ausgerechnet das Grundstück, auf dem ich heute mit meiner Familie wohne, erinnert mich an diese Zeit. Es sind nicht die einzelnen Menschen, mit denen wir zusammenleben. Es ist die geballte Kraft *weißer* Wohlstandshomogenität. Das konventionell angelegte Grün, die aufeinander blickenden Balkone. Die vermeintlich schützenden Dorfmauern, hinter denen ich trotz allem manchmal «die Andere» bleibe. Die Selbstverständlichkeit, mit der ein großes Tor unser Wohnkonstrukt vom Leben vor der Haustür abgrenzt.

An verschiedensten Stellen haben Neubauten sich in vergangenen Jahren in die Strukturen des alten Pankows gedrängt. Durch die Gentrifizierung erscheint die bereits dagewesene Grenze zum Wedding nun noch unüberwindbarer als zuvor. Wie in allen anderen Berliner Kiezen leben vormals Unbekannte hier als Nachbar:innen in unmittelbarer Nähe zueinander. Doch wo auf der einen Seite eine Mehrsprachigkeit aus Deutsch, Arabisch, Türkisch oder Kurdisch den Alltag beschreibt, lernen manche Kinder auf der anderen nun wieder häufiger Latein oder Altgriechisch. Und gerade die Nähe zwischen diesen Erfahrungen macht die Begegnung wichtiger denn je.

Noch vor wenigen Jahrzehnten verlief die Berliner Mauer nicht weit entfernt von unserer Straße. Heute ist diese Straße ein Traum aus Pflastersteinen, das alte Berlin steckt noch in der Unebenheit zwischen den Gehwegen. Tagsüber machen Fahrradfahrer:innen sich die Bürgersteige mit Hundebesitzer:innen streitig, weil sich die Straße schlecht befährt – und in der Abenddämmerung vertragen sie sich wieder. Im spärlichen Licht alter Straßenlaternen ist nicht mehr genau auszumachen, wer grüßt und wer schimpft. Um diese Zeit strahlt die Straße mit ihren alten Bäumen und dem kleinen Park fast nur noch Dorfatmosphäre aus. Sie verschleiert, dass neue Baugruppen neben Häusern aus der Gründerzeit stehen. Dass neben frühen DDR-Bauten die Großprojekte riesiger Wohnungsunternehmen liegen. Morgens strömen Kinder aus all diesen Häusern, und für einen Moment wirkt es, als fügte sich unsere Straße zu einer Gemeinschaft ohne Risse und Brüche. Erst nachmittags kehren sie aus der Schule zurück in ungleiche Welten.

Wenn die Türen hinter ihnen zugehen, leben sie wieder unter den Vorzeichen der «Distanznorm». Mit diesem Begriff beschreibt der Soziologe Walter Siebel einen relativ sicheren Garanten für gute Nachbarschaftsverhältnisse. Vor anonymer Großstadtkulisse lässt Diversität sich ja oft deshalb so gut ertragen, weil man sich in vielen Fällen erst gar nicht zu nahe kommt. Etwas anders verhält es sich in meiner Baugruppe. Auf unserem Grundstück schlagen die Kinder nach der Schule in homogenem Umfeld auf. Die Anonymität hebelt sich aus, schon weil jeder jeden bis zum konkreten Wohnungspreis hin kennt. An manchen Tagen stürmen 20–30 Kinder den Gemeinschaftsgarten mit Inlinern und Fußbällen oder plündern die Beerensträucher.

Manchmal sehe ich ihnen dabei zu, wie sie durchs großzügige Grün unseres abgeschirmten Gartens streifen. Und ich frage mich, ob die Homogenität, in der sie hier aufwachsen, ihren Blick auf die Vielfalt vor der Haustür verstellt. Wie sich die innere Gemeinschaft mit dem Leben vor dem Tor in Verbindung bringen lässt.

Wahrscheinlich gibt es etliche Nachbar:innen, die schon aus Berufsgründen wissen, wie die sechsköpfige Familie im Wedding auf sechzig Quadratmetern lebt. Ärzt:innen und Therapeut:innen, Lehrer:innen und Journalist:innen: Vielleicht haben sie in Kindertagen selbst in anderen Verhältnissen gelebt. Doch die Frage ist, wie viel Gemeinsamkeit wir heute noch mit diesen *Verhältnissen* ausmachen.

Noch immer staune ich darüber, dass ich einen Schlüssel für unser großes Tor habe. Dass ich mich vor zehn Jahren für dieses Leben entschieden habe, sagt viel über die Macht der Gewohnheit. Es erzählt vom stillschweigenden Hinübergleiten in ein erkauftes Ankommen. Vom Wunsch, das Kindheitsumfeld als Erwachsene so umzudeuten, dass man am Ende doch dazugehört. Und so ganz geht es natürlich nicht auf.

An manchen Tagen fühle ich mich noch immer wie ein «falscher Fuffziger» – als könnte jederzeit jemand um die Ecke biegen und mir eine Banane zustecken. An anderen laufe ich selbst mit Scheuklappen durch die Nachbarschaft und drücke mich an halb bekannten Gesichtern vorbei. Mal übersehen wir einander, mal erkennen wir uns wieder. Lächeln uns durch die Jahreszeiten zu und bemerken erst im nächsten Frühling, dass wir noch immer kein Wort miteinander gewechselt haben. Wenn ein Zufall uns zusammenbringt, sind wir verwundert. Darüber wie schnell wir uns verbunden fühlen.

Eine Nachbarin, die ich kürzlich kennenlernte, wohnt nur ein paar Häuserblocks entfernt. Irgendwann trafen wir uns im Einkaufszentrum und begannen in der Ladenpassage ein Gespräch. Über Elternabende, Homeschooling und die Arbeit tasteten wir uns plänkelnd vor. Beim nächsten Treffen ging es bereits um Exil, Immigration und Verlust. Meine Nachbarin erzählte vom Leben in Sri Lanka, von der politischen Arbeit ihres Vaters und von seinem Tod. In den 1980er Jahren war er von Mitgliedern der kommunistischen JVP-Partei ermordet worden. Sie hatten das Haus, in dem er mit seinen Töchtern lebte, niedergebrannt, und die Schwestern waren zu Verwandten gezogen, die sie als unbezahlte Dienstmädchen ausbeuteten. Eine Reihe von Zufällen brachte sie zurück an die Schule, nach Europa und nach Pankow.

In unmittelbarer Nähe zu meinem Baugruppendorf lebt diese Nachbarin und traut dem Frieden doch nicht. Sie besitzt keine Fotoalben, dokumentiert das Leben ihrer Tochter nur digital oder im Kopf. Alte Ängste halten sie in Alarmbereitschaft. Was, wenn auch die Bilder ihres neuen Lebens verbrennen?

Wahrscheinlich ist unser Viertel eines der sichersten in Berlin. Auf diese Gewissheit lässt sie sich ein, so gut es geht. Sie grüßt die Betreiber:innen der Blumenläden, wenn sie durch die Hauptstraße läuft, plaudert mit den Journalist:innen der Kiezzeitung, organisiert Lesungen für die Bücher ihres Patenonkels. Sie schätzt Struktur, Verlässlichkeit und Stabilität im Kiez. Ihre Tochter soll sich an den kulturellen Codes einer aufgeräumten *deutschen Ordnung* orientieren. Sie sollen sie schützen – vor den rassistischen Erfahrungen, die ihre Mutter in Berlin noch regelmäßig macht. «Mein Deutsch klingt nicht wie Deines», sagt sie zu mir, weil sie weiß, dass meine Privilegien mich gelegentlich schützen. Doch sie lächelt nachsichtig, wenn ich mir offensichtlichere Vielfalt in unserem Kiez wünsche.

Der Supermarkt, in dem wir beide einkaufen, liegt ein paar 100 Meter entfernt. Er wurde gebaut, als sich abzeichnete, dass die Nachbarschaft kaufkräftiger werden würde. Vom Supermarktparkplatz hat man direkten Blick auf ein altes Franziskanerkloster, das eine Suppenküche, Kleiderkammer und Hygienestation beherbergt. Gut versteckt setzt sich dort das Leben mancher Menschen fort, das sich auf der Straße davor kaum in den Mehrheitsalltag einfügt.

Neue Nachbar:innen streifen ihr Leben auf dem täglichen Weg zum Einkauf. Doch die meisten Einkäufer:innen scheinen den lauten, manchmal alkoholisierten Alltag der Suppenküchengäste schlicht auszublenden. Es ist eine notdürftige Toleranz, ein städtisches Miteinander in dankbarer Anonymität. Selbst ein Mitarbeiter der Suppenküche erklärte mir bei einem Besuch, dass sein Nachwuchs selten im Klostergarten spiele – es sei nun mal kein Ort für Kinder.

Dieser Satz geht mir nicht aus dem Kopf. Ich frage mich, wen es in diesem Szenario voreinander zu schützen gilt. Die Kinder vor den vermeintlich rohen Sitten der Suppenküchengäste? Oder die Gäste vor den definitiv rohen Sitten der meisten Kinder? Bewirkt die artifizielle Distanz nicht eher, dass das Leben bestimmter Menschen ein randständiges bleibt? Manifestiert sie sich nicht schleichend im hilflosen Gedanken, die brutaleren Seiten der Realität verpufften durch Abgrenzung? Die Realität schleicht sich doch ohnehin wieder zur Hintertür rein. Schon im Geflecht persönlicher Beziehungen drängt irgendwo fast immer Ungleichheit ans Licht. Sorgt für Spannungen und Konflikte bis in engste Familienkreise.

Der Soziologe und Philosoph Didier Eribon hat sie eindringlich beschrieben: die Lebenserfahrungen, die ihn von seinem Vater entfremdet haben. Die soziale Scham, mit der er sich nach dessen Tod beschäftigt hat. Das Umfeld seiner Kindheit, von dem er sich gelöst zu haben glaubte. Aus der Perspektive des etablierten Soziologen betrachtet er den Umgang mit seiner Homosexualität vor dem Hintergrund seines Herkunftsmilieus und arbeitet sich durch die Fremdheit, die vom verstorbenen Vater ausging.

Mit meinem Vater verbinden mich schillernde Sommererlebnisse. Aber es sind die einzigen Erinnerungen, auf die ich zurückgreifen kann. Länger als einen Monat haben wir am Stück nie miteinander verbracht.

Es gab nie genug Raum für größere Missverständnisse, seit Jahrzehnten führen wir eine liebevolle Fernbeziehung. Zwischen Spanien, Deutschland und unseren Herkunftsgeschichten hat sich eine Mischung aus Verständnis und Ignoranz etabliert, an der wenig rütteln kann. Selbst Dinge, die mich im Haus meiner Mutter irritieren würden, nehme ich bei ihm schlicht hin: lebensgefährlich lockere Steckdosen, Schimmelspuren an den Wänden, ein spartanisches Leben, das nach Jahrzehnten in Europa noch immer sehr nach Provisorium riecht.

Als er an einem Morgen vor fünf Jahren anrief, dachte ich, mich würde in dieser Hinsicht nichts mehr erschüttern. Doch an diesem Tag klang er anders als sonst. Er erzählte, dass sein Mietvertrag nicht verlängert würde. Ich fragte, ob er eine neue Wohnung hätte, und er begann zu drucksen. «Ich muss früher als erwartet umziehen», sagte er. Denn da stand er bereits mit seinen Kisten auf der Straße. Er sei auf dem Weg in ein Hostel – «No big Deal».

Die paar Sommerferien, in denen wir uns stumm gegenübergestanden hatten, waren lange her. Ich war nicht mehr das Mädchen, das seinem Vater sprachlos begegnete, weil es sein rudimentäres Kleinkind-Spanisch verlernt und Englisch noch nicht zuverlässig erlernt hatte. Unsere Sprachlosigkeit schien überwunden, meine Handlungsfähigkeit wiederhergestellt. Und doch waren keine Dolmetscher:innen zur Stelle, als ihm sein Leben zu entgleiten schien.

Bis heute lebt er in dem kleinen Hostel, in das er damals einzog. Während der Lockdowns schickte er in regelmäßigen Abständen Fotos und Videos von Abendessen und Theaterstücken, die er mit anderen Langzeitmieter:innen aufgenommen hatte. In ungewohnt kurzen Abständen erhielt ich Nachrichten von ihm. Zufrieden berichtete er aus einem Haus, das ich als bedenkliches Umfeld eingestuft hatte. Kurz nach seiner Ankunft in Europa hatte er schon einmal ganz in der Nähe gewohnt, nun traf er alte Freund:innen auf der Straße wieder. Dort, wo das Wasser einen Euro weniger kostete als an der Strandpromenade und wo ein improvisiertes Leben sich mit ein wenig Beständigkeit verknüpfen ließ, war er mit seiner Begabung für Begegnung mal wieder angekommen.

Unser Erleben von Sicherheit und Beständigkeit driftete an entscheidenden Stellen auseinander. Aber wie stabil konnten meine eigenen Lebensbedingungen sein, wenn seine so fragil waren? Wenn ein nahestehender Mensch durch verschiedene Formen der Unsicherheit bedroht war? Wenn soziale Grenzen in Stein gemeißelt blieben?

Die Gegend um die Pankower Suppenküche und den Supermarktparkplatz ist seit Jahrzehnten Grenzgebiet. Nur ein paar 100 Meter weiter trennte die Mauer Pankow und Wedding, Ost und West. 30 Jahre nach dem Mauerfall schleichen die Menschen noch immer an dieser unsichtbaren Grenze entlang. Dort, wo Baugruppen heute das Straßenbild mitbestimmen und Zugezogene das Leben «der Anderen» übersehen, bleibt Nachbarschaft oft eine einseitige Erzählung.

Sie versteckt sich in den unbemerkten Winkeln von Gegenden, die lange vor *uns* da waren. In Vergangenheiten, die manche Bewohner:innen sich kaum noch vorstellen können. In «Der Wächter von Pankow» schreibt der Berliner Schriftsteller Jochen Schmidt über verwilderte Friedhöfe, über das «Tivoli»-Kino und andere Institutionen, die längst aus dem Kiez verschwunden sind. Er bebildert die kleinen Details, über die ich täglich hinweghetze. «Dem alten Fahrrad half niemand mehr auf», heißt es in einer Bildunterschrift neben einem Foto, das ein umgekipptes Rad zeigt. «Die Laternen hatten sich auseinandergelebt» neben einem Bild mit zwei alten Bogenlaternen.

In parallelen Welten sind wir alle noch da, flüstern die Objekte zwischen den Seiten. Sie erinnern mich daran, wie widerständig und divers meine Nachbarschaft schon immer war: in Zeiten, als das Carl-von-Ossietzky-Gymnasium noch eine Oberschule war und Schüler:innen rausflogen, die sich mit der Solidarność solidarisierten. Als sich in der Kirchengemeinde Alt-Pankow oppositionelle Künstler:innen und Intellektuelle trafen. Als die benachbarte Görschstraße noch als Verbindungsweg durch die Spargelfelder des Herrn Görsch führte. Oder die S-Bahn Wollankstraße noch als Bedarfshalt fungierte.

Heute fährt die Bahn im Zehn-Minuten-Takt nach Berlin-Mitte. Wenn ich aus der Stadt komme, laufe ich die Treppen runter, gehe vor zur Straße und biege, wie meine Nachbar:innen, links unter der Brücke in die Hauptstraße ein. Wer nach rechts abbiegt, betritt ein Viertel, in dem das Stadtbild anders aussieht: keine topsanierten Altbauten, kein Bio-Supermarkt, bislang kaum Baugruppen. Wie ein Mahnmal der beidseitigen Bedrohung hält die S-Bahn bis heute die Bezirke voneinander fern. Auch bei mir stellten sich Abwehrreflexe ein, als ich mir den Soldiner Kiez im Sommer bei einem Spaziergang näher ansah.

An jenem Abend erinnern mich die groben Wohnblocks an der Prinzenallee an Torremolinos. An der Ecke zur Soldiner Straße stellt sich ein leises Gefühl der Vertrautheit ein. Dort, wo der Kiez noch nicht aussieht wie der Prenzlauer Berg. Wo er seine Diversität ungeschminkt präsentiert. Doch schon ein, zwei Seitenstraßen weiter schieben sich Bilder aus «4 Blocks» vors Feriengefühl. Am späten Abend sind fast ausschließlich Männer unterwegs. In geschlossen wirkenden Grüppchen stehen sie inmitten meiner stereotypen Wahrnehmung, neben Müll in Hauseingängen und vereinzelten Spritzenautomaten.

Schon während ich mich ängstlich umsehe, fühlt sich mein Fremdeln mit der Szene falsch an. In anderen Städten wandere ich unerschrocken durch ähnliche Straßen. In der Nähe meines wohlbehüteten Baugruppenlebens aber packt mich die statistische Wucht des «Brennpunktviertels»: Arbeitslosigkeit, Abhängigkeit von Transferleistungen, Kinder- und Jugendarmut. Entsprechende Erzählungen, die in

Medien und Nachbarschaft kursieren, nähren ein Unbehagen, durch das ich mich einen Kilometer neben meiner eigenen Haustür zur Fremden mache.

Dabei sind weit und breit keine ausgebrannten Autos zu sehen, die Streife zuckelt in gemächlichem Tempo vorbei. Ein paar ältere Männer sitzen mit einer größeren Sammlung an Bierflaschen auf Plastikstühlen vor einer Kneipe und grüßen freundlich. Doch es nützt nichts: Ich verstricke mich in plumpe Assoziationen. Für einen Moment laufe ich mit sehr bildhaften Gedanken an Kriminalität und Gefahr durch den Kiez. Ich versuche, sie zu verdrängen, zwinge mich, an ein Community-Leben jenseits von Wohlstandssicherheit und konventionellen Lebensentwürfen zu denken. Doch eine argwöhnische Stunde lang bleibe ich an einem anderen Narrativ hängen.

Dass sich die Durchlässigkeit, die ich mir durch die eigene Biografie antrainiert habe, beim Spaziergang durch angrenzende Nachbarschaften nicht abrufen lässt, ist bezeichnend. Vielleicht hat meine Unsicherheit sich an diesem Abend verstärkt, weil wir durch männlich dominiertes Terrain liefen. Doch ich vermute, dass es die scheinbare Unvereinbarkeit von zwei benachbarten Lebenswelten war, der ich in unmittelbarer Nähe zu meiner Wohnung auf den Leim ging. Dass ich ein Fremdeln reproduzierte, in dessen Fokus ich andernorts selbst stand.

«Integrationsschleuse», «Durchgangsviertel», «Brennpunkt»: So viele Fremdzuschreibungen haben sich über den Soldiner Kiez gelegt, dass mein Hirn sie als Wirklichkeit hervorkramte. Ein paar Männer, die sich zu später Stunde den sozialen Raum der Straße aneigneten, reichten aus, um auf dem Weg durch die Nachbarschaft meinen Realitätssinn ins Wanken zu bringen.

Erstaunlich, wie sehr ich «Zuhause» an diesem Abend in Volksdorfer Abgrenzungslogik definiere. Wie mir meine reflexartige Sehnsucht nach Vielfalt hinter stumpfen Ängsten verlorengeht. Für gewöhnlich begrüße ich Diversität in meinem Alltag nicht nur, ich sehne sie herbei. Doch ich muss hektisch zwischen meinen Erinnerungen navigieren, um an der Grenze zum Nachbarviertel nicht über eigene Vorurteile zu stolpern: Die junge Volksdorferin muss mit dem spanischen Ferienkind ins Gespräch gehen, und die Schwarze Frau, wie immer, vermitteln. Sie müssen die eigene Flexibilität überprüfen, wenn sie mit Alteingesessenen und Neuzugezogenen, Privilegierten und Abgehängten, Sichtbaren und Unsichtbaren in der Nachbarschaft auskommen wollen.

Denn wir begegnen uns täglich: Gäste aus Suppenküchen, die vor dem Kloster neben dem Supermarkt anstehen. Kinder aus grauen Wohnblocks, die über die Bezirksgrenze zur Schule fahren. Nachbar:innen, die über die fette Tiefgarageneinfahrt von gegenüber schimpfen oder sich hinter dicken Toren einsamer fühlen als davor. Die einen blicken von der gesellschaftlichen Mitte, die anderen von den Rändern auf denselben Ort.

«Es muss nicht unbedingt das Dach über dem Kopf sein, das Zugehörigkeit vermittelt», hatte die Soziologin Hilary Silver vor ein paar Jahren auf der Bühne des Los Angeles Poverty Departments erklärt. Zusammen mit Bewohner:innen aus Skid Row hatten wir an der Veranstaltung «Worlds of Homelessness» teilgenommen. In einem der größten Obdachlosenviertel der Welt begegneten wir Menschen, deren Leben weitgehend von polizeilicher Willkür und systemisch eingeschriebener Gewalt bestimmt wurden. Viele von ihnen brachten angesichts der Hoffnungslosigkeit erstaunlichen Handlungswillen auf. Aus Mangel an städtischer Unterstützung hatten sie Drogenentzug und Jobvermittlung selbst in die Hand genommen. Um den Bau neuer Duschzentren und die Beaufsichtigung der vielen Kinder kümmerten sie sich auch. Die meisten Kinder gingen morgens zur Schule, viele Erwachsene verließen ihre Zelte im Anzug und fuhren zur Arbeit. In manchen Fällen war es ein einziger Knick im Lebensweg gewesen, der nach Skid Row geführt hatte. In anderen ein über Generationen vererbter sozialer Ausschluss.

Beides führte zu Lebensumständen, die von meinem Hamburger Kindheitsumfeld Lichtjahre entfernt lagen. In Volksdorf hatte selbst unser Reihenhaus gelegentlich wie eine Behelfsunterkunft gewirkt, in dem die Wohlstands-Codes der Gegend radikal vernachlässigt wurden. Als ich 1995 nach London zog, konnte kaum genug Abstand zwischen mir und jenem Stadtteil liegen, in dem Exklusion und Etikette das Leben bestimmt hatten.

Ich hoffte auf einen Ort, an dem meine elastische Identität ein neues Zuhause finden würde. Mit sprachlicher und sozialer Flexibilität wollte ich eine «Weltstadt» erkunden. Doch ich hatte nicht mit dem Londoner Nordosten gerechnet. In dem Viertel, in das ich zog, wütete ein brutales Ausmaß an sozialer Ungerechtigkeit. Die mangelnde Instandhaltung öffentlicher Räume zeigte sich von Parks bis zu Schulhöfen. Während ich im Bus darüber staunte, neben anderen Schwarzen Menschen, Muslim:innen und orthodoxen Juden zu sitzen, kämpften die meisten von ihnen sich durch einen Alltag voller Einschränkungen.

Ahnungslos war ich nach Großbritannien gezogen. Wahrscheinlich hatten glamouröse Oxbridge-Fantasien mich hingetrieben. Doch nach wenigen Wochen zerbröselten sie in einem Universitätsalltag am Stadtrand. Ich hatte mir Inspiration in Sachen Identität von London erhofft. Doch auf jede Frage legte die hyper-kulturelle Megacity zwei weitere obendrauf.

Meine erste Universität lag zwischen Vorstadtsupermärkten und Bowling Clubs. Lehrkörper und Studierende entsprachen kaum dem Bild, das ich von London hatte, und die paar Schwarzen Studierenden, denen ich in Seminaren begegnete, konnten wenig mit meiner bildungsbürgerlichen Biografie anfangen. Mein Freund O. war eine Ausnahme.

Seine Eltern waren in den 1960er Jahren aus der Karibik nach England eingewandert. Kurze Einblicke in ihr Leben öffneten mir den Blick auf ein migrantisches London. Ich entdeckte einen Alltag, in dem die eindimensionalen Gesellschaftsbilder meiner Kindheit vor komplizierter Großstadtkulisse zerfielen. Auch ich musste arbeiten, um mir das Studium leisten zu können. Aber mir saß nicht der Druck im Nacken, dass die internationale Bildung sich unmittelbar in ein solides Einkommen übersetzte, das die Familie unterstützte.

Mit Denker:innen wie Stuart Hall, Paul Gilroy, Gayatri Spivak und Judith Butler bekam ich die Ungleichheit, die zwischen uns herrschte, akademisch zu fassen. Doch in Seven Sisters – einem Viertel mit hoher

Kriminalität und spärlichen Perspektiven – sah ich Ausschnitte dieser Welt vor allem durch die Augen meines Freundes. Kleine Geschäfte an der A10, die ächzend über die Runden kamen. Winzige Wohnungen in Council Estates, in denen Gewalt zum Alltag gehörte. Junge Menschen in meinem Alter, die ihre Zeit auf trostlosen Basketballplätzen verbrachten und von denen ich fast niemanden auf dem Campus traf. Zwischen systemischer Armut und systemischem Unrecht, die sich durch Wohnviertel und Institutionen zogen, begannen die Konturen meiner Identität zu verschwimmen – ich war Teil einer großen Schwarzen Community geworden und blieb doch von ihr getrennt –, denn auf einmal zählte ich zu den eindeutig Privilegierten.

Vor zwanzig Jahren hatte Finsbury Park, wo mein Freund aufgewachsen war, nicht ganz den Ruf von Skid Row, aber einen ähnlichen wie heute der Soldiner Kiez. Wenn ich gelegentlich die Haustür offen stehen ließ, erinnerte er mich fassungslos daran, wie gefährlich die Nachbarschaft war.

Laut einer Kriminalstatistik ist Finsbury Park nach wie vor einer der gefährlichsten Orte im Bezirk Islington. Inzwischen steigen die Preise stetig und die einst diverse Nachbarschaft wird immer undurchlässiger. Vor ein paar Jahren kam meine damals schwangere Cousine dort an. Damals arbeitete die zukünftige Schule ihrer Tochter bereits nach Montessori-Konzept. Bei Sommerfesten überboten sich die Mütter mit Kuchen- und Punschkreationen, die Väter bewachten selbstgebaute Spielautomaten, die Trommel-AG zog durch die Straßen des Viertels und sang Lieder, deren Ursprung sie in Afrika verortete. Mittelstandsattribute waren Teil ihres Lebens. Womit meine Cousine im Viertel dazugehörte – und auch wieder nicht.

Mit vielen Nachbar:innen teilt sie einen ähnlich strukturierten Alltag: Der Großteil ihres Einkommens geht für Kinderbetreuung und Miete drauf. Sie legt täglich immense Strecken zwischen Arbeit, Schule und Wohnort zurück. Sie hofft, dass niemand krank wird, weil das Gesundheitssystem im Ernstfall nicht einspringt. Und zählt mit ihrem Einkommen dennoch zur gutverdienenden Mittelschicht. Wie ich lebt sie in einem stabilen bürgerlichen Umfeld. Und wie mich unterscheidet sie etwas vom Großteil dieses Umfelds: Sie ist Schwarz.

Sie ist mit einer guineischen Mutter in Katalonien aufgewachsen, spricht fließend Spanisch und hat regen Kontakt zu unserer Verwandtschaft in Malabo. Kaum etwas an ihrer und meiner Geschichte ähnelt sich. Doch wenn wir uns besuchen und gemeinsam durch unsere mittelständischen Viertel laufen, scheinen die Leute doppelt zu sehen. Wer uns zusammen kennenlernt, unterstellt nicht selten verwandte Erfahrungen. Als ließen Biografien sich aus ähnlich geformten Mündern herauslesen. Aus zwei dichten Augenbrauenpaaren und einer ähnlichen Hautfarbe.

Würde jemand den Streit, den unsere Eltern vor Jahrzehnten hatten, hinter unseren forschen Nasenflügeln vermuten? Die Kindheit, die wir dadurch ohneeinander verbachten? Wer könnte mit Blick auf fast identische Haarstrukturen erahnen, dass die guineische Verwandtschaft uns erst vor zehn Jahren per Sprachnachricht zusammenbrachte? Den regnerischen Nachmittag, an dem wir uns kennenlernten. Unsere hastigen Schritte, mit denen wir ins nächste Café eilten – beide heißhungrig und schwanger. Den Geburtstag unserer Töchter, die mit einer halben Stunde Abstand auf die Welt kamen. Nichts davon steht in unseren Gesichtern.

Im Vorbeigehen werden sich unsere Identitäten nicht erschließen. Nicht in den paar Sekunden, in denen gut sortierte Stereotype die Wahrnehmung beherrschen. Die Langversionen unserer Geschichten liegen im Verborgenen: biografische Besonderheiten, familiäre Verbindungen, historische Verstrickungen.

«Vergiss Afrika», sagte meine Mutter früher zu mir, weil sie das eigene Fremdeln vor dem Geburtsort meines Vaters nicht gut aushielt. «Vergiss Afrika», sagte meine Tante zu meiner Cousine, weil sie das Ankommen in Europa nur über das Vergessen ertrug. Doch was gab es zu vergessen? Dass unsere Familiengeschichte von der schmerzhaften Verknüpfung zwischen Afrika und Europa erzählte? Die Erkenntnis, dass die eigenen Töchter in einer Welt lebten, die für ihre offensichtlich komplexen Identitäten noch nicht bereit war? Die Resignation, mit der unsere Mütter sich unflexiblen Nachbarschaften angepasst hatten? Skeptische Blicke?

Wenn meine Cousine und ich durch Pankow laufen, begegnen wir den Blicken gemeinsam. Manche signalisieren, dass Schwarze Menschen im Stadtbild nicht mehr groß auffallen. Andere folgen uns in angespanntem Starren. Aber wenn wir die Florastraße hinunterlaufen, die Wollankstraße kreuzen, am Fußballplatz vorbei, durch den Bürgerpark, entlang am Ziegengehege, bis auf die Wiese vorm Spielplatz, dann begegnen wir sehr vielen Menschen, die zumindest eine facettenreiche Gruppenzugehörigkeit mit uns teilen.

Daniela Dröscher nennt sie die «unsichtbare Norm», die diverseste Gruppe in europäischen Großstädten – die sogenannte Mittelschicht.[1] Es sei eine Klasse, die bis heute kein rechtes Bewusstsein für die eigene Existenz hat, schreibt Dröscher und bescheinigt ihr massive Identitätsprobleme. Sie passe in keine Schublade, müsse sich mit Zugehörigkeiten unterschiedlichster Art arrangieren: Gewerbetreibende und Beamte, Care-Arbeiter:innen und Solo-Selbstständige. Mit einem Nettoverdienst von etwa 1500 Euro steigt man als Single in diese Gruppe der Vielfalt ein – und es gibt reichlich Luft nach oben.

Lange lebte ich als Journalistin mit einem Konto, das von unten an der Nulllinie kratzte. Ich schrieb von der Hand in den Mund, genoss meine Freiheiten und verfluchte die ausbeuterischen Strukturen des Medienbetriebs. Das Bildungsprivileg meiner Kindheit hatte sich nicht in ein stabiles Einkommen übersetzt. Und doch hatte ich die Freiheit der Wahl. Ich konnte mich für Flexibilität *entscheiden*. Niemand setzte mich mit Erfolgserwartungen unter Druck. Ich war zufrieden in einer winzigen Wohnung und mit instabilem Einkommen. Als es sich nach etwa zehn Jahren stabilisierte, verschob sich mein Leben ein Stück weit zurück in jene konventionellen Strukturen, die ich in Volksdorf zurückgelassen glaubte.

Dort wo ich heute wohne, lebt die Mittelschicht in all ihrer Vielfalt. Die afrodeutsche Journalistin, die mit Mann, Kindern und gemeinsamem Geld in den Kiez gepoltert ist. Pankower Intellektuelle, die die Gentrifizierung eingepackt und bereits ein paar Blocks weitergetragen haben. Suppenküchengäste, die irgendwann vielleicht auch mal «dazugehörten» und die für die meisten jetzt unsichtbar sind. Nachbar:innen, deren Einkommen das der Eltern deutlich übersteigt, und solche, die finanziell kaum über die Runden kommen. Es ist ein Spannungsfeld, das verbindet und doch regelmäßig wieder Menschen vom Zentrum an die Ränder schleudert.

Als ich das letzte Eis des Sommers kaufe, setze ich mich in einen der offenen Hinterhöfe an der Brunnenstraße im Wedding. Kinder aus der Nachbarschaft spielen, streiten, lachen und prügeln sich direkt vor meiner Nase. Genau wie in unserem Garten; nur ohne Helikoptereltern und in einer Welt, die sich direkt zur Straße hin öffnet.

Ich denke an spanische Sommer. Daran, wie ich zwischen Hochhausschluchten und verrosteten Schaukeln mit den Kindern aus der Nachbarschaft gespielt habe. In einem Umfeld, aus dem Tourist:innen sich die Rosinen rauspickten, während die Gesichter der Einwohner:innen Teil der Kulisse blieben.

Tagsüber hat der Wedding kaum noch mit der Drohkulisse zu tun, die ich am späten Abend beim Spaziergang ausgemacht hatte. Die Straßen im Soldiner Kiez verändern ihr Gesicht im Sonnenlicht. Junge Mütter mit Kinderwagen, Kitagruppen mit Warnwesten, ältere Männer vor Backshops, Hipster im Kiezurlaub.

In diesem Sommer fahre ich regelmäßig durch die Soldiner Straße. Ich lerne Nachbar:innen im Wedding kennen, schmeiße mich ins Kiezleben, und eines Tages schließe ich mein Rad vor einem Familienförderzentrum an. Mit dem Besuch bei der Jugendhilfe hoffe ich, dem Leben nebenan noch ein Stück näher zu kommen. Gut möglich, dass einige der Kinder, die hierherkommen, zu jenen Männern heranwachsen, um die ich beim nächtlichen Spaziergang einen Bogen gemacht hatte.

Frau Y., die mir öffnet, ist hier im Viertel aufgewachsen. Wenn sie nicht mit ihren Großeltern in der Türkei lebte, war sie bei den Eltern im Wedding, die zur ersten «Gastarbeiter:innen»-Generation in Deutschland gehörten.

«Das Viertel war damals ein völlig anderes», sagt sie und erzählt von der großen Gemeinschaft unter den ersten türkischen Familien in der Gegend. Sie erzählt von Rassismus und Ausgrenzung, aber auch von Lehrer:innen, die sie bis zum Studium unterstützt haben und die ihre aktuelle Arbeit fast obsolet machen würden.

Einige der Kinder, die heute von den Schulen zu ihr geschickt werden, haben ebenfalls Familie in der Türkei. Andere in Aserbaidschan, Bulgarien, Tschechien oder Griechenland. Ihre Migrantisierungserfahrung ist in der Regel höchst komplex, umfasst häufig Ortswechsel und fast immer soziale Not.

In der Nachbarschaft lernen die Kinder, sich voneinander abzugrenzen. Sich nicht mit «denen», «denen» oder gar «denen» gemein zu machen. Es sind Grundschüler:innen, die bereits viel Ablehnung erfahren haben. Von Lehrer:innen, Sozialpädagog:innen oder dem Jugendamt. Bei Frau Y. üben sie nach der Schule, sich durch Wut, Traurigkeit und Misserfolge hindurchzuarbeiten. Erlernen emotionale Strategien, von denen auch andere Kinder profitieren würden. Doch hier bieten gemeinsames Kochen, Spielen und Hausaufgabenhilfe auch Alternativen zu familiären Ausnahmesituationen. Zu illegalen Arbeits- und Wohnstrukturen, die in der Öffentlichkeit verheimlicht werden müssen. Vor allem zu Unterstellungen aus dem Schulumfeld, die Kinder seien selbst schuld an all dem.

Vor ein paar Jahren besuchte Frau Y. eine ehemalige Lehrerin, die sich früher sehr um sie bemüht hatte. Überfordert und desillusioniert fiel sie auf einmal mit ungewohnt rassistischen Kommentaren auf. Es schien kaum etwas von der Person übrig geblieben, die vor Jahren ein Kind aus türkischer Familie zu Abitur und Studium ermutigt hatte. Bildungspolitische Ratlosigkeit und permanent unterbesetzte Schulen zeigten sich in der Erschöpfung und im Ressentiment einer einst engagierten Lehrerin.

«Man kann nicht allen helfen», sagte ein Nachbar, als ich ihm davon erzählte. Und ich sah das Gesicht von Frau Y. vor mir. Ihr Helfersyndrom war extrem ausgeprägt, sie hatte viel darüber gesprochen. Es ging auf eine Kindheit zurück, in der sie für die Familie zur Übersetzerin geworden war – zur Stichwortgeberin bei Behördengängen, Begleiterin bei Arztbesuchen, Vermittlerin in Schulfragen.

Bis heute scheint sie rund um die Uhr verfügbar, wenn jemand aus ihrem imposanten Netzwerk sie braucht: Sie engagiert sich in Schulen und Kitas, kooperiert mit der Polizei in Anti-Gewalt-Fragen, hat eine Männergruppe geleitet und stürzt sich rastlos auf jede neue Aufgabe.

Neulich stand ein kleines Mädchen, das sich verlaufen hatte, vor der Tür ihrer Initiative und Frau Y. begleitete es persönlich nach Hause. Das Kind wohnte in einem jener Häuser, an denen ich nachts vorbeigelaufen war. Als sie es der Familie übergab, hielt sie den – vorwiegend männlichen – Nachbar:innen einen Vortrag über Vernachlässigung. Sie drohte an, beim nächsten Mal das Jugendamt zu rufen, was die Stimmung im Hausflur nicht gerade hob.

Die Situation hätte entgleiten können. Doch Frau Y. hat schon ganz anderes gemeistert. Sie hat mit ihrer Männergruppe für Frauenrechte demonstriert. Und anders als ich scheint sie sich nicht vor der geballten männlichen Präsenz zu fürchten, die den Kiez gelegentlich dominiert. Ob sie sich auf der anderen Seite der S-Bahn ebenso furchtlos durchs Leben bewegt? Jenseits der offensichtlichen Vielfalt des Weddings, wo die drohende Durchgentrifizierung neue Homogenität ins Viertel schleppt?

In *meinem* Kiez pegeln Tempo und Lautstärke sich längst auf wohltemperiert ein – und wer nicht mitmacht, fällt auf. Einem von denen, die auffallen, begegne ich manchmal an der Ecke zu meiner Straße. Er steht einfach da und rudert mit den Armen. Die Bierflasche mit der einen Hand fest umschlossen, die andere konzentriert auf ein Ziel in der Ferne gerichtet. Bei unserer ersten Begegnung habe ich mich kurz erschreckt. Doch es stellte sich raus, dass meine Abwehrreflexe auf Gegenseitigkeit beruhten – er schien viel mehr Angst vor mir zu haben als ich vor ihm.

Verschiedene Freund:innen haben über die Jahre versucht, ein Gespräch mit ihm anzufangen. Doch meist wich er den Annäherungsversuchen aus. Vielen im Viertel zeigt er sich in der konstanten Auf- und Abbewegung, die ihn, entlang der Wollankstraße, zwischen Pankow und Gesundbrunnen hin- und hertreibt. Eine Bekannte nennt ihn «den Surfer». Einen, der sich durch die fast unüberwindbare Brandung der Bezirksgrenzen kämpft. Der immer wieder aufs Brett steigt. Zigmal umgefallen, zigmal die nächsthöhere Welle genommen. So beeindruckend beständig, dass er schließlich auch eine literarische Figur inspiriert hat.

In einem Berlin-Roman heißt der Surfer «schöner Hans». Auch er ist auf der Basis von maritimen Assoziationen entstanden. Auch die literarische Figur ist ein Wandler zwischen den Welten. Ein ehemaliger Kapitän mit sonnengebleichtem Haar, der in Pankow Zwischenstation macht, bis es ihn wieder rauszieht. An guten Tagen verteilt er Vogelhäuser für die Brutvögel im Frühling, an schlechten versinkt er in der Einsamkeit seines Alkoholismus. Die Bretterbude, in der Hans in kalten Monaten schläft, ist der realen Behausung des rastlosen Pankowers nachempfunden, die abgerissen wurde.

«Sich gemeinsam zu erinnern, ist die höchste Form von Gemeinschaft», schreibt bell hooks. Und wer weiß, vielleicht können wir uns irgendwann nur noch an Hans erinnern. Wer weiß, ob er, der schöne Surfer, den nächsten Winter übersteht. Ich habe ihn lange nicht mehr gesehen. Dort, wo die Brache lag, in dem sein Quartier für manche Nächte stand, steht jetzt ein Haus. Ein Haus wie meines. Ich habe mich nie so weit in die Welt hinausgewagt wie ein Seemann. Ich habe nie so schlimme Stürme erlebt wie der Mann an der Straßenecke. Doch auch wir bleiben auf fast unmerkliche Weise: verbunden.

KAPITEL 3

Stadt

Ich bin gerannt
die ganze schlaflose Straße entlang,
sie führte nicht zu meinem Haus.
Ich schreckte auf aus dem Schlaf,
voll unfertiger Gedichte,
jeden Morgen
in einer anderen Stadt.
Als sei ich durch alle Straßen der Welt gerannt,
abwärts … auf dieser fremden Straße.

Mariam Meetra

Als ich vor 25 Jahren nach Berlin kam, war die Stadt eine andere. Man konnte ihr dabei zusehen, wie sie vom anarchischen Zustand der 1990er Jahre in die hippe Internationalität des neuen Jahrtausends hinüberglitt. Wie sie anfing, mit dem Verschwinden öffentlicher Räume und bezahlbaren Wohnraums zu ringen. Wie sich jenseits nachbarschaftlicher Abschottungsreflexe doch immer wieder neue Nischen und Winkel auftaten. Berlin blieb widersprüchlich und widerspenstig – neugierig auf das, was ihre Bewohner:innen an sie herantrugen.

Als mein Handy vor 15 Jahren am Neujahrsmorgen klingelt, ist eine Frauenstimme dran. Im Hof hinter dem Küchenfenster türmt sich Schnee über Böllern und Raketen. Die Stadt wartet still und weiß auf den Silvesterkater. «It's me», ruft mir die unbekannte Person auf Englisch ins Ohr. Aber ich bin zu unausgeschlafen, um sie einzuordnen. Sie muss ihren Namen mehrmals wiederholen, bis mir klar wird, wer dran ist. Eine Cousine aus Äquatorialguinea. Sie weckt mich auf, um ihren Neujahrsvorsatz umzusetzen: Kontaktaufnahme mit der Familie in Europa.

Sie ignoriert meine verschlafene Stimme und fängt sofort an zu reden. Sie erzählt von Schwestern und Brüdern, beschwert sich über meinen Vater, der nie anruft, freut sich, dass sie ihm meine Telefonnummer entlocken konnte. Immerhin. Sie fragt sich, warum ich noch nicht auf dem Weg in die Kirche bin, was meine Mutter davon hält, dass ich alleine und unverheiratet lebe. Ihr erzählerischer Elan lässt mich den Kopfschmerz vergessen. Sie braucht weniger als eine Viertelstunde, um die Fremdheit zwischen uns in einem Wortgewitter wegzufegen.

Bis zu diesem Morgen war die Familie meines Vaters eine der großen Unbekannten in meinem Leben. Meine Neugier auf seine Kindheit war angesichts seines beharrlichen Schweigens verstummt. Doch nun ist eine Cousine am Telefon, die verwandtschaftliche Nähe einfordert. «Du musst Malabo mit eigenen Augen sehen», sagt sie und lässt nicht mit sich diskutieren. Mit Blick aufs verschneite Berlin stelle ich mir vor, wie die für mich fremdeste aller Städte wohl aussieht.

Wie mein Vater hat meine Cousine ihre Kindheit auf einer kleinen Insel am Äquator verbracht. Auch sie ist zwischen der Farm unserer Großeltern und der Stadt, in der sie zur Schule ging, hin- und hergefahren. Vermutlich ist sie täglich an der großen Kathedrale im Zentrum vorbeigelaufen. Vielleicht hat sie – wie mein Vater – versucht, aus dem Internat abzuhauen. Hat sich gefragt, warum es in der ganzen Stadt keinen einzigen Buchladen gab. Warum sie als Kind nicht an Informationen jenseits der «offiziellen Berichterstattung» gelangte.

Unsere Leben scheinen weiter entfernt als die 5000 Kilometer Luftlinie, die zwischen uns liegen. Doch an diesem Morgen hat sie beschlossen, eine Verbindung herzustellen.

Meine Gottlosigkeit und der leichte Lebenswandel erschüttern sie weniger als die Vorstellung, wie einsam ich in Berlin sein muss – unter all den *weißen* Menschen. Aus ihrer Sicht scheint ein Schwarzes Leben, das im Rauschen der Mehrheitserfahrungen untergeht, tragisch. Sie kann sich kein Stadtbild vorstellen, in dem koloniale Straßennamen selbstverständlich sind. Aber so sieht die Stadt in den Nullerjahren aus. Noch ist Berlin eine Metropole, in der die Kolonialzeit weitgehend unaufgearbeitet in Denkmälern und gesellschaftlicher Wahrnehmung schlummert. Viele der knapp 3,4 Millionen Menschen, die hier leben, haben erst zaghaft damit begonnen, ein Bewusstsein für ihr diverses Umfeld zu entwickeln.

Aus der Perspektive meiner Cousine ist Diversität ein gänzlich anderes Phänomen. Zwischen den Bevölkerungsgruppen Äquatorialguineas – insbesondere Bubi und Fang – herrschte lange eine gefährliche Rivalität, die während der kolonialen Herrschaft Spaniens geschürt worden war. Sie trieb Menschen in Gefängnisse, zur Flucht und bis in den Tod. Nach politischen Unruhen im Jahr 1969 hatte Präsident Francisco Macías Nguema nicht nur die Verfassung aufheben lassen. Eine seiner zynischsten und grausamsten Anordnungen soll die Ermordung von vermeintlichen politischen Gegner:innen in einem Fußballstadion zu den Klängen von «Those Were The Days» gewesen sein.

«Warum warst du nie da?», wurde ich in meiner Kindheit häufig gefragt. Es schien allgemein zu verwundern, dass ich mich gegenüber dem Geburtsland meines Vaters ähnlich distanziert verhielt wie er selbst. Ich hielt einen ganzen Kontinent auf Abstand, zu dem man mir die Verbindung penetrant aufdrängte. Erst später schlich ich mich an ihn heran: mit Ethnologie-Studium, journalistischer Arbeit, beruflichen Reisen. Mit Johannesburg, Kinshasa oder Rabat verbindet mich heute eine ähnlich liebevolle Fernbeziehung wie mit meinem Vater. Nur Malabo, die Stadt, von der er nach zwei bis drei Gläsern Wein erzählt, bleibt ein mythischer, fremder Ort.

In seinen Geschichten spielen oft machttrunkene Präsidenten die Hauptrolle. Seine Erinnerungen kreisen um die Zeit kurz vor und unmittelbar nach der Unabhängigkeit, als Äquatorialguinea mit Francisco Macías Nguema vom Regen in die Traufe kam. Nach Jahren unter kolonialer Herrschaft waren während seiner Amtszeit vor allem Angehörige der Bubi in Gefahr. Mein Vater hörte von all dem am Telefon: von den Verfolgungen, den Hinrichtungen in Fußballstadien, der Ermordung des eigenen Bruders.

Mein Interesse an Malabo reißt bei ihm Wunden auf, die nur oberflächlich verheilt sind. Die bedrückende Gegenwart seiner alten Heimat hat nichts mehr mit der Stadt zu tun, an die er sich erinnert. In der er – vor kolonialer Kulisse – eine leidlich glückliche Kindheit verbracht hat. Malabo ist bis heute keine der trendigen afrikanischen Metropolen, in denen europäische Kunstsammler:innen schicke Hauptstadtateliers stürmen. Vermutlich kehren auch nicht allzu viele Menschen aus der Diaspora dorthin zurück, um Thinktanks zu gründen. Malabos Bevölkerung lebt in Armut, während die Regierung sich die Einnahmen aus den Ölquellen des Landes sichert. Es gibt kaum Tourist:innen und eine fragwürdige Menschenrechtslage.

Seit Anfang der 1990er Jahre Öl vor Äquatorialguineas Küsten entdeckt wurde, leben Regierungsmitarbeiter:innen in Malabo mittlerweile in schicken Hochhäusern, die an frisch geteerten Straßen liegen. Kaum verdecken diese Bauten den Blick auf die Armut in den informellen Siedlungen und ärmeren Stadtvierteln, wo die meisten Menschen leben. Auch das wissen mein Vater und ich nur aus den Nachrichten und aus Erzählungen.

Ein paar Jahre nach dem Neujahrsanruf meiner Cousine sitze ich im Flugzeug. Käsekuchenfarben zieht die Wüste unter mir hinweg, hier und dort mit ein paar Felsbrocken verziert. Erwartung, Angst und Neugier reisen mit mir an einen unbekannten Ort.

Bei der Ankunft am Saint Isabel Airport nimmt ein Beamter mir den Pass aus der Hand, prüft mein Visum und sagt: «ungültig». Er weist mich an, mein Gepäck einzusammeln, dann würden wir sehen. Mein Koffer kommt auf einem kleinen Gepäckband angeruckelt, und bevor ich ihn runterhebe, sehe ich sie. Menschen, die hinter einer Scheibe auf und ab hüpfen und mit dem Finger auf mich zeigen.

«Ich bin klein, dick und ziemlich hübsch», hatte meine Cousine am Telefon gesagt. Und tatsächlich stürmt eine imposante kleine Person in engem Kleid auf Zentimeter hohen Stöckelschuhen ins Flughafengebäude und auf mich zu. Sie drückt mich an sich, lacht ein strahlendes Lachen und marschiert siegessicher auf die Grenzpolizistin zu, um mein touristisches Schicksal zu verhandeln.

Immer mehr Menschen versammeln sich in der kleinen Wartehalle, alles Verwandte. Ein Onkel, der meinem Vater sehr ähnlich sieht, nimmt mich in den Arm. Er kneift mich in die Wange und blickt mich tadelnd an. «Wo ist mein Bruder?», fragt er, und in dem Moment geht die Schiebetür zur Polizei auf. Meine Cousine kommt mit gesenktem Kopf auf uns zu, und ich ahne, dass es ein kurzer Besuch bleibt. Ein bewaffneter Polizist steht bereits neben mir, die Türen zum Rollfeld öffnen sich, wo bereits ein Flugzeug wartet. Ich muss meiner Familie zuwinken, die fassungslos zurückwinkt. Kurz darauf bin ich auf dem Rückweg nach Deutschland.

Die Botschaft wird später beteuern, es sei ein Missverständnis gewesen. Ich werde sagen, dass ich vor meiner Abreise mehrmals nach der Gültigkeit des Visums gefragt habe. Wir werden uns nicht einigen, es wird sich nicht aufklären, was schiefgelaufen ist – und die Visumsprobleme, die in der Regel Menschen wie meine Verwandten haben, treffen ausnahmsweise mal eine Person mit deutschem Pass. Mein Onkel wird am Telefon politische und familiäre Themen andeuten, die er mit mir direkt besprechen wollte. Meine Tante wird darüber klagen, dass ich nichts vom Festessen gegessen habe, das für mich vorbereitet wurde. Und ich werde so schnell nicht wiederkommen.

Eine Weile steckt mir das Erlebnis in den Knochen. Dort, wo die Silvesterknaller vor Jahren den Schnee in den Straßen verklebten, bin ich zu Hause. Aber noch Monate später taucht die Sehnsucht nach der unbekannten Familie in unregelmäßigen Abständen auf. Es scheint, als verstärke die unerprobte Verbindung zu ihnen das Bedürfnis nach *Kinship* in meinem Berliner Leben – nach Schlupfwinkeln der Zusammengehörigkeit.

Eine einzige Stunde in Malabo hatte die Einsamkeit in den Vordergrund gerückt, die ich zu Hause gelegentlich spürte. Ich hatte Freund:innen mit unterschiedlichsten Herkunftsgeschichten. Doch eine zähe Dominanzkultur definierte die meisten von uns noch regelmäßig als nicht-zugehörig. Wo also verbargen sich Räume, in denen die Vielfalt sich nicht mehr erklären und nicht mehr verleugnen musste? Wo wurden flexible Identitäten akzeptiert? Wo gehörte eine Schwarze Frau dazu, die sonntags um 8 Uhr von der Verwandtschaft in Malabo oder aus Hamburg-Volksdorf geweckt wurde?

Der Tag, an dem Flugbegleiter:innen mich auf dem Weg von Äquatorialguinea nach Deutschland mit Pralinen und Schnaps trösteten, liegt etwa zehn Jahre zurück. In der Zwischenzeit ist viel passiert. Mittlerweile diskutieren alle, die wollen und Internetanschluss haben, über Vielfalt. Als die US-Schriftstellerin und Aktivistin Audre Lorde in den 1980er Jahren mit Studierenden der Freien Universität zu Berlin über die Gesellschaft der Vielen diskutierte, sprachen noch wenige über Marginalisierung und Intersektionalität. Mittlerweile folgt der öffentliche Diskurs in Deutschland Lordes Beispiel. Doch ihre Warnungen vor gesellschaftlicher Spaltung gehen im Eifer des Gefechts gelegentlich unter. Der Weg zur toleranten Stadt bleibt ein steiniger.

Um eine Stadt wie Berlin in ihrer Komplexität wahrnehmen zu können, führt der Schritt aus überschaubaren Nachbarschaften unweigerlich in die Fremde. «Der Fremde ist der Prototyp des Städters», schreibt Walter Siebel in einem Text von 2016.[1] Inzwischen hat gut jede vierte Person in Deutschland eine internationale Geschichte, die meisten von ihnen leben in Städten. Die relative Gelassenheit gegenüber Unbekannten ist einer der Grundgedanken urbanen Zusammenlebens. Unterschiedlichste soziale Milieus müssen einander in der Stadt auf engem Raum akzeptieren.

«Wenn neben den sieben Kirchtürmen in der Silhouette von Lübeck auch ein Minarett zu sehen sein wird, dann wird der Islam in Deutschland akzeptiert sein», schreibt Siebel als Beispiel für vielfältige Stadträume. Aber ganz so weit sind wir selbst 2023 noch nicht.

In den 1990er Jahren gab ich mich solchen Illusionen erst gar nicht hin. Wie ein paar Freund:innen verließ ich Deutschland und spürte meiner Identität im Ausland nach. Wir studierten Postcolonial Studies, Islamwissenschaften oder Afrikanistik und näherten uns zag- oder zwanghaft jener Fremdheit, die uns die deutsche Gesellschaft zugeschrieben hatte. Unsere Erfahrungen schienen umgeben von den Gedanken Frantz Fanons oder Edward Saids besser aufgehoben als vor deutschem Wendeszenario, in dem sich rassistische Gewalt und Diskriminierung ausbreiteten.[2]

Als wir zurückkamen, war Berlin dabei, sich neu zu sortieren. Nach einem langen Jahrhundert der politischen Verwerfungen spürte die wiedervereinigte Stadt zwischen Nischen und Brachen ihrer Offenheit und Toleranz nach. Mit MAs in der Tasche kamen wir an – in der einen deutschen Metropole, in der wir gesellschaftlichen Aufbruch witterten.

In der Bewegung, die im regelmäßigen Öffnen und Schließen neuer Ladenlokale, Wochentagsbars, Clubs und Galerien lag, steckte Verheißung. Nicht, weil die Stadt in der Nachwende-Euphorie flächendeckend an Verständnis und Sensibilität für transnationale – oder ostdeutsche – Biografien zugelegt hätte. Sondern weil das junge Hauptstadtleben sich manche Räume bereits rauschhaft erschlossen und Vielfalt erprobt hatte. Eine internationale Tanz- und Theaterszene öffnete sich neuen Narrativen zwischen Sophiensælen und Tacheles. Das Yaam verortete Afrika nicht in unerforschten Galaxien, sondern in der hiesigen Diaspora. Im Club der Polnischen Versager trank man zusammen so viel, wie reinging. Und angeblich waren diejenigen, die sich dort trafen, nicht nur arm, sondern auch sexy.

Heute lebe ich in einer Stadt, die sich den Kater nicht mehr wegzutrinken vermag. Das diffuse Alles-ist-möglich-Gefühl ist neuen Beschränkungen gewichen, und es erfordert viel Kreativität, um aus der Not neue Möglichkeiten zu erschaffen. Mit Projektbüros für Diversitätsentwicklung, Hotlines für einsame ältere Menschen und interkulturellen Obdachlosenmagazinen gestaltet Berlin zeitgemäße Orte der Auseinandersetzung. Es begegnet Ausgrenzung und Einsamkeit und schürt die zarte Hoffnung, dass aus Nischen größere Räume werden könnten.

Aber es ist auch einiges an Hoffnung nötig in einem zunehmend unbarmherzigen Stadtumfeld, in dem immer mehr promovierte Akademiker:innen in Cafés oder als unterbezahlte Hilfskräfte in Hauptstadtkultur-Jobs verheizt werden. Wo Menschen in vermeintlich stabilen Strukturen an unterbesetzten Schulen und Krankenhäusern bis zur Erschöpfung arbeiten müssen. Der Prekariatsbegriff misst sich an neuen Bedingungen, denn selbst Bildung schützt nicht mehr vor Ausbeutung, Wohnunsicherheit und Randständigkeit.

«In meinem dreißigsten Jahr fängt Berlin an, mir fremd zu werden», schrieb die Schriftstellerin Annett Gröschner bereits vor zehn

Jahren in einem Text zur Stadtentwicklung.[3] Sie vermisse eine Stadt, schrieb sie, in der Umzüge noch regelmäßig mit Robben-Transportern und einer Handvoll Freund:innen durchgeführt wurden, anstatt mit Unternehmen, die teures Mobiliar über Kräne in die angemietete Lastwagenkarawane hievten.

Denn wem bietet die Stadt derzeit noch Freiräume? Wo findet die Begegnung der Verschiedenen statt?

Seit Corona begegnen meine Kinder dem Nachwuchs internationaler Freund:innen oft in geschützten, privaten Räumen. Sie hören Rumänisch, Arabisch oder Türkisch auf gemeinsamen Ausflügen. Erhaschen Einblicke in die Realität von geflüchteten Menschen – weil ich in Redaktionen oder NGOs mit ihnen zusammenarbeite. Die Unsicherheit provisorischeren Lebens erfahren sie vor allem dann, wenn wir Familie im Ausland besuchen.

Doch zwischen wachsenden Mauern erkunden sie in einem Leben nach den Lockdowns auch eine Stadt, die sich noch öffnet. Sie skaten durch den Mauerpark, der nun endlich auch Richtung Wedding aufmacht. Sie stromern über den St.-Elisabeth-Friedhof, wo sie der Nachbarschaft aus dem Soldiner Kiez begegnen.

Vielleicht ahnen sie instinktiv, dass es nicht Bauwahn allein war, der die letzten Jahre geprägt hat. Immerhin sind auch neue Denkkulturen eingezogen in diese Stadt, die auf ihre alten Tage Identitätsfragen neu verhandelt. Die Freund:innen aus Köpenick und aus Alexandria, aus NRW und Rabat, die multilingualen und einsilbigen, genderfluiden und weniger flexiblen – sie sind alle schon lange hier. Der gedankliche Raum aber, in dem sie sich heute begegnen, ist ein neuer.

Theoretisch könnte ein heterogenes *Wir* sich hier längst in den Armen liegen. Berliner:innen könnten sich eine Gegenwart mit Klimawandel, sozialer Ungleichheit und Diskriminierung gemeinsam vorknöpfen. *Wir* könnten zusammen darüber nachdenken, wie Vielfalt und das Eingebundensein in Kollektividentitäten eine neue, gerechtere Welt prägen sollten. Doch die Arbeit am *Wir* müsste mit dem aufrichtigen Interesse am *Du* beginnen.[4]

Warschauer Brücke. Meine Kollegin D. und ich stehen an einem windigen Maitag zwischen Friedrichshain und Neukölln, die Mercedes-Benz-Arena im Rücken, die einfahrenden Züge im Blick. «Es stinkt hier weniger», sagt sie, sonst sei fast alles gleich. In Damaskus hat sie die «Brücke des Präsidenten» oft überquert. Jetzt steht sie regelmäßig an dieser Hauptverkehrsader im Friedrichshain und beobachtet, wie das Berliner Leben an ihr vorbeizieht. Auch Freund:innen kommen häufig hierher, es sei einer von vielen Orten, die an die alte Heimat erinnern, sagt D. Die übermüdeten Städter:innen, die vorbeihetzen. Die düstere Atmosphäre, die sie wahrnimmt, wenn sie von der Brücke auf die halb versteckten Straßen darunter blickt. Ein Freund aus Paris bekam eine Panikattacke, als er die Warschauer Brücke überquerte. Ein paar Monate zuvor hatte die syrische Geheimpolizei ihn auf der fast identisch aussehenden Brücke in Damaskus verhaftet.

Auch D. stößt in ihren ersten Berlin-Jahren oft auf das eigene Trauma. Sie nimmt eine Stadt wahr, die den Krieg bereits hinter sich hat. Und in der die Erinnerungen an vergangene Gewalt doch überall spürbar bleiben. Neue Assoziationen entstehen erst mit der Geburt ihrer Tochter. Mit Kinderarztpraxen, Spielcafés und veränderter Lebenssituation liegt Berlin neu kartografiert vor ihr. Doch die Sensoren für das Leid, das die Stadt im 20. Jahrhundert erlebt hat, bleiben aktiv.

Der sozialistische Städtebau am Platz der Vereinten Nationen jagt D. bis heute Schauer über den Rücken. Die Architektur ihres ersten Berliner Wohnhauses rief Erinnerungen an die Erfahrungen während der Revolution in Syrien wach. An politische Willkür, die sie in Verwaltungsgebäuden erlebt hat, wo die Decken ähnlich niedrig waren und sie sich ähnlich einsam fühlte. Zu Beginn ihrer Berlin-Zeit wohnte sie im U-Block. Ein paar Monate nach ihrer Ankunft stand sie im Keller ihres Hauses und kam nicht mehr raus. Die Tür war ins Schloss gefallen, sie hatte sich dagegengestemmt, ohne Erfolg. Nach einer Ewigkeit hörte eine Nachbarin sie rufen. Die Tür ging auf, und meine verängstigte Freundin kam nach mehreren Stunden wieder heraus. «Die Tür war auf», sagte die Nachbarin. Der Wind hatte nur kräftig von außen dagegen gedrückt. Doch D. hatte nach Revolution, Flucht und einem frostigen Willkommen in Berlin schlicht kein Vertrauen mehr in die eigene Kraft. Sie blieb hinter offenen Türen eingesperrt.

Manchmal scheint es, als ließe Berlin sie mit ihren Erfahrungen allein: mit der brutalen Vergangenheit, mit der schwergängigen Gegenwart. Mit dem Ringen um Zugehörigkeit, das sich hinter vermeintlich abgeriegelten Kellertüren verbirgt. Wir haben viel darüber geredet, wie sehr dieses Ringen die Geschichte fortschreibt. Wie perfide die Traumata kolonialer und nationalsozialistischer Gewalt heute unmittelbar in die Ausgrenzungsprozesse einer gespaltenen Gesellschaft übergehen, in der geflüchtete Menschen oft vergeblich Halt suchen.

Wenn wir zusammen auf der Warschauer Brücke stehen oder in der Büroküche am Hackeschen Markt, am Hauptbahnhof auf dem Weg zu einer «Integrationsveranstaltung» oder vor der eigenen Haustür, sind wir einander Übersetzer:innen. Zwei Menschen, die Berlin in unterschiedlichen Sprachen lesen.

Auch die städtischen Parks erklärt D. mir neu. Die aus Kriegstrümmern aufgeschüttete Humboldthöhe erinnert sie an den Dschabal Qasyun, einen gut 1100 Meter hohen Berg, an dessen Fuß Damaskus liegt. In der Berliner Wohnung eines Freundes erkennt sie das Haus ihres Großvaters wieder. Und ausgerechnet im Berghain – jenem Club, der exklusiver als mancher Mitte-Spielplatz erscheint – fühlt sie sich frei. Sie sagt, dort vergesse sie die Angst vor Behörden, vor der deutschen Bürokratie, den materiellen Sorgen. Die Angst, dass die Sicherheit, in der sie gegenwärtig lebt, nicht verlässlich sei.

Zu Gelassenheit in unsicheren Zeiten verhelfen ihr seit einer Weile auch Pflanzen. Die erste, die sie in ihrer Wohnung duldete, war ein Geschenk, und D. rechnete täglich mit ihrem Ableben. Einen Monat später trug die Pflanze trotz Vernachlässigung noch immer Blätter, und meine Freundin entwickelte Respekt vor ihrer Widerständigkeit. Das fremde Grün begann sie zu interessieren. Weitere Pflanzen kamen hinzu, und je nach Herkunft sprach D. in verschiedenen Sprachen mit ihnen. Mit denen, die sie aus Syrien kannte, redete sie auf Arabisch, mit den unbekannteren auf Englisch, in seltenen Fällen sprach sie Deutsch. Die Pflanzen nahmen einen Raum in ihrem Leben ein, den sie bis dahin nur vom Balkon ihrer Damaszener Großmutter kannte. Sie erhielten ein Gesicht und ein Gewicht.

Etwa zur selben Zeit, als D. den Charme von Zimmerpflanzen erkannte, entdeckte ich die Wunder der Stadtnatur. Lange hatte ich Berlin nur als Raum wahrgenommen, den ich mit anderen Menschen teilte. Ich hatte Wildtiere und Pflanzen in die Peripherien verdrängt und die Überraschungen, die außerhalb unserer Wohnungen hinter Park- und Friedhofsmauern lauerten, nur selten wahrgenommen: Füchse, Waschbären, Eulen und Insekten im städtischen Wildwuchs. Doch auch sie bahnten sich ihren Weg durch die Nischen und Winkel der Stadt. Und irgendwann fand ich den unvermeidbaren Weg ins städtische Grün.

Eines der vielen grünen Projekte, die sich in vergangenen Jahren den Stadtraum zurückerobert haben, war ein Gemeinschaftsgarten auf dem Friedhof Jerusalem V in Neukölln. Als ich vor einigen Jahren dort war, jagten sich Kinder durch liebevoll angelegte Pflanzenreihen. Anwohner:innen und angereistes Kulturpublikum wanderten mit Kopfhörern im Ohr über die Friedhofswege und sahen einen Film über den Garten, durch den sie liefen.

Die Einladung zum Guerilla-Gardening hatte Gärtner aus unterschiedlichsten Ländern angelockt. Wahrscheinlich klang sie besser als das endlose Warten auf Behördenbescheide, mit denen die jungen Männer aus Westafrika und der östlichen Mittelmeerregion damals ihre Zeit verbachten. Doch auch die Arbeit auf dem Friedhof lief holprig an. Die Friedhofserde war zäh, ohne Pflug kamen die Gärtner kaum voran, und als endlich einer aufgetrieben war, passte er nicht durchs Eingangstor. Als nach Wochen die Genehmigung kam, den Pflug über Umwege auf den Friedhof zu wuchten, lohnte sich das Säen kaum noch. Allerdings warteten die Männer nun schon so lange – auf Arbeitserlaubnis, Asylbescheide, den Platz im Deutschkurs. Da ließ die Geduld sich von ein paar Pflanzen nicht weiter strapazieren.

Auf dem Friedhof ging es ohnehin um größere Fragen als um die Beschaffung von Ackergerät. Es ging darum, wer an diesem Ort erwünscht, geduldet oder unwillkommen war. Wie viel Heterogenität ein solcher Raum aushielt. Die Frage war, wer sich im Schillerkiez, diesem rasant wachsenden Gentrifizierungsgebiet, zugehörig fühlen durfte – und wer nicht. Der Friedhof selbst hatte eine komplizierte Geschichte. Er war letzte Ruhestätte und Friedhofsbrache, Gedenkstätte für NS-Zwangsarbeiter:innen und Garten. Doch die Arbeit der Gärtner war temporär, das wussten alle. Sie bot keine echte Chance auf eine Zukunft in Deutschland, bestenfalls diente sie als Orientierung.

Ein paar Jahre lang hielt der Garten Schritt mit den Veränderungen im Kiez. Der Film, den Gärtner, Anwohner:innen, Kiezaktivist:innen und Pfarrer zusammen gesehen hatten, beschreibt ihn als Raum, dessen Nutzung sie alle gemeinsam klären mussten.[5] Als Ort, wo Schaffensdrang und Perspektivlosigkeit einander herausfordernd gegenüberstanden.

Brütende Eulen brachten das Projekt vor ein paar Jahren schließlich zum Stillstand. Auch Stadtnatur ist unberechenbar. Ein Agrarwissenschaftler aus Äthiopien hat den Garten bis zum Schluss betreut. Er sagt, es sei der einzige Ort in der Stadt gewesen, an dem er je wirklich angekommen ist. Zwei Sommer lang hat er das Keimen und Verblühen der lokalen Flora beobachtet. Dann ist er weitergezogen.

Über das Ankommen von Menschen, die jenseits von westlicher Stabilität und der relativen Sicherheit vieler europäischer Städte gelebt haben, wird seit Jahren hitzig diskutiert. 2015 standen viele Deutsche mit Begrüßungs-Teddys an den großen Bahnhöfen des Landes. Berliner:innen brachten Kleidung, Essen und warme Getränke für Menschen, die aus dem östlichen Mittelmeerraum geflohen waren, in die Schlangen vor das Landesamt für Gesundheit und Soziales (LAGeSo). Jahre später wurde in bislang ungekanntem Ausmaß privater Wohnraum für geflüchtete Menschen aus der Ukraine zur Verfügung gestellt. Zwischendurch hatte man nach der Machtübernahme der Taliban aus CDU-Kreisen gehört, 2015 dürfe sich «nicht wiederholen». Und was im Laufe der Jahre immer deutlicher wurde: Nicht alle geflüchteten Menschen sind gleich willkommen. Das Schicksal der einen wird mit großer Empathie begleitet, während andere auf Skepsis und Abwehr treffen.

Bis 2016 war das LAGeSo die Behörde, in der sie alle, früher oder später, eine Nummer zogen. Es liegt an der Turmstraße in Moabit, ein paar hundert Meter entfernt vom Amtsgericht Tiergarten, in einem ungeschönten Stück Berlin. «Zimperlich darf man dort nicht sein», schreibt Uwe Wittstock in einem Buch über den Winter von 1933 – «dort werden der Hass, das Elend und die Tragödien einer zerrissenen Zeit verhandelt.»[6]

Er beschreibt eine Zeit, in der Journalist:innen, Schriftsteller:innen, Künstler:innen, Schauspieler:innen, Regimekritiker:innen und Angehörige verschiedenster Minderheiten die Stadt in Scharen verlassen mussten. Hundert Jahre später haben Bekannte von mir im LAGeSo auf die bürokratische Bearbeitung ihrer Fälle gewartet. Und wenn ich dort war, habe ich ein Viertel erlebt, das dem aus Wittstocks Beschreibungen noch immer ähnelt: einen Ort sozialer Ungleichheit, bewegter Vielfalt und vielfach unerzählter Geschichten.

In Berlin, wo die Nazis vor weniger als 100 Jahren systematisch und brutal die kulturelle Heterogenität zerschlugen, erscheint die Abwehr vor neuen Migrationsbewegungen besonders perfide. Denn gerade hier zeigt sich, wie weit Deutschland schon lange von der homogenen Gesellschaft entfernt ist. Der Historiker Jan Plamper schreibt, ein *Neues Wir* habe sich 2015 nicht unerwartet und ohne Vorwarnung formiert, sondern sei über lange Zeit gewachsen. Unter anderem beruhe das vielfältige *Wir* unserer Gesellschaft auf jahrhundertealten Migrationsgeschichten.

Plamper hält fest, dass Deutschland durch Zu- und Auswanderung geprägt ist. Sein Blick richtet sich dabei nicht nur auf die weitgehend bekannten Erzählungen des vergangenen Jahrhunderts. Er schreibt über «Gastarbeiter:innen», DDR-Vertragsarbeiter:innen und Spätaussiedler:innen. Aber er schreibt auch über Bauern, die aus erbrechtlichen Gründen wegzogen, wenn der älteste Bruder den Familienhof bekam. Über Kaufleute, die ihre Waren jenseits der eigenen Region anboten. Über adelige Frauen, die über Landesgrenzen hinweg verheiratet wurden, oder Mönche und Priester, die aufgrund der gemeinsamen Sprache – des Lateinischen – auch im Ausland leicht von Kloster zu Kloster ziehen konnten.

Migration und Vielfalt sind der Normalzustand, nicht das Festhalten an künstlicher Homogenität. An Gewissheiten wie diese versuche ich mich zu erinnern, wenn ich in besonders *weißem* Umfeld zur «Anderen» werde. Wenn ich in Redaktionssitzungen oder auf Baugruppenfesten die einzige Schwarze Person bleibe oder durch Stadtviertel laufe, wo heute die Neonazis leben, denen ich vor Jahren noch im Prenzlauer Berg begegnet bin.

Es ist tröstlich zu sehen, wie international, gender-divers, klassenkämpferisch, altersheterogen, energisch und flexibel Berlin sein kann. Dass das ABC der Vielfalt längst zum Vokabular vieler Stadtbewohner:innen gehört. Dass diverse Nischen, Winkel und Blasen vor dem Gefühl der Ausgrenzung schützen. Doch bei allen Bekenntnissen zur Diversität scheint es dem städtischen Pluralismus noch immer an Selbstverständlichkeit zu fehlen. Auch hier bestimmt Herkunft heute wieder auffällig oft über Wohnumstände, Einkommen und sozialen Status. Auch hier hängen Vorstellungen von Deutschsein noch immer in der Eindimensionalität fest.

Bis Januar 1975 bestimmte das in Berlin erlassene Reichs- und Staatsangehörigkeitsgesetz aus der Kaiserzeit darüber, wer deutsche:r Staatsbürger:in werden durfte und wer nicht. Bis dahin blieb es bei verheirateten Paaren allein Vätern vorbehalten, ihr «Deutschsein» zu vererben, Müttern nicht. Bis zu einer Hochzeit hatten meine Eltern nie gedacht, weswegen ich als Deutsche geboren wurde – nicht als Spanierin oder Äquatorialguineerin. Ein Umstand, der uns das Leben als internationale Familie um einiges erleichtert hat.[7]

Meine Staatsangehörigkeit war wie ein Sechser im Lotto, meine Bewegungsfreiheit im globalen Vergleich geradezu grenzenlos. Nicht ganz Babyboomer und doch Generation Klimaverdrängung, verband ich mich sorglos mit meiner internationalen Familie und mit der Welt. Zugehörigkeit entwickelte sich auf CO_2-Kosten in der Bewegung zwischen Städten, in die ich ungehindert reisen konnte. Diese Sorglosigkeit werden unter anderem meine Kinder ausbaden müssen.

Auf die Frage, wie sie sich klimaschonend durch eine Welt bewegen sollen, mit der sie selbst diasporisch verbunden sind, gibt es noch keine überzeugende Antwort. Viel stärker als ich mussten sie sich zuletzt im Hier und Jetzt verorten. Mussten inmitten von Pandemie und Klimakrise begreifen, dass ihre Bewegungsfreiheit eingeschränkt war und dass sie Verbundenheit in ihrem Berliner Alltag aufspüren mussten.

Fallen Ihnen auf Anhieb Orte ein, an denen Sie sich jenseits der eigenen Wohnung geborgen fühlen? Haben Sie eine Wohnung? Gibt es Menschen in Ihrer Stadt, denen Sie sich anvertrauen können? Beherrschen Sie die Codes und Spielregeln, um sich im direkten Umfeld aufgehoben zu fühlen und Krisensituationen zu meistern? Haben Sie jemanden in der Stadt, dem Sie sich nicht erklären müssen? Wissen Sie, wo die schönsten Parks, Freibäder, Kneipen, Spazierwege, Spätis liegen? Durchdringen Sie die Alltagslogistik aus Behörden, Schulen, Gesundheitsversorgung, kennen barrierefreie Restaurants, Theater, Kneipen, Treffpunkte queerer Communities, Anlaufstellen für Momente, in denen die Krise größer wird als die Resilienz? Kennen Sie Menschen in Ihrer Stadt, mit denen Sie lachen können?

Wer die meisten dieser Fragen mit ja beantwortet, fühlt sich seinem Umfeld vermutlich in irgendeiner Form zugehörig. Doch selbst dann noch kann es sein, dass dieses Gefühl ins Wanken gerät. Exklusionsstrukturen durchziehen den Alltag überall dort, wo um Wahrnehmung, Wertschätzung und Verständnis gerungen wird. Und in städtischer Enge, wo ein vielgestaltiges wir lebt, mag es gelegentlich scheinen, als würde der Raum für diverse Bedürfnisse zu eng.

Dabei sind es seit jeher verschiedenste, aneinander grenzende und sich überschneidende Räume, die diverses Stadtleben ausmachen. Als Journalistin versuche ich Räume auszuloten, die in den 1990er Jahren affirmativ als Multi-Kulti beschrieben wurden, Jahre später interkulturell hießen und noch etwas später transkulturell. Räume, denen man bereits postmigrantische Offenheit attestiert hatte, die heute durch superdiverse Realitäten geprägt sind und die doch immer wieder mit Exklusion konfrontiert werden.

Ich würde gerne behaupten, dass die Komplexität meiner eigenen Biografie mich flächendeckend für die Vielfalt in meinem Umfeld sensibilisiert hat. Doch die Wahrheit ist: Ich stolpere, täglich. Über Kinderspielzeug in unserem Garten, über Nachbar:innen, denen meine Schludrigkeit ein Dorn im Auge ist, über fehlende Abgrenzungsstrategien. Über den Moment, in dem die Hoftür hinter mir ins Schloss fällt und ich selbst hinter einer eigentümlichen Abgrenzungslogik verschwinde. Ich stolpere im Innerstädtischen, wo ein internationales Wohlstandsmilieu die Illusion von Heterogenität aufrechterhält. Und auch am Rand des Speckgürtels, der faktisch nur wenige S-Bahnstationen entfernt liegt.

Wenn ich den Patenonkel unseres Sohnes in Frohnau besuche, muss ich mein Tempo an der S-Bahnhaltestelle ausbremsen und den Blick auf ein verdächtig homogenes Vorstadtgrün umstellen. Ich ertappe mich dabei, die Lebensentwürfe hinter Frohnauer Hecken zu verallgemeinern: die vermeintliche Eindeutigkeit gemeinsamer Werte und Normen, die hinter Gartenzäunen zu lauern scheint. Das unterstellte *Entweder-oder*, das die einen vor und die anderen hinter der Wohlstandsgrenze verortet.

An übermütigen Tagen möchte ich an diesen Gartenzäunen über das Combahee River Collective plaudern. Ich möchte mit Spaziergänger:innen über die Ursprünge der Identitätspolitik sprechen, die sich in den 1970er Jahren ausformten. Über den feministischen und anti-rassistischen Ansatz jener Gruppe Schwarzer Frauen, deren Gedanken bis heute Diskussionen über Intersektionalität prägen.

Doch dann fällt mir das Tor zu jenem Grundstück ein, das abends hinter mir ins Schloss fällt. Ich erinnere mich daran, dass Konventionen und Privilegien es sich auch hinter meinem Gartenzaun gemütlich machen. Und für die Wendungen, die mein Vortrag damit nehmen müsste, bin ich dann doch nicht mutig genug. «Wenn Gleichberechtigung das Ziel bleibt, ist Gruppenidentität unproblematisch», schreibt Alice Hasters.[8] Nur ist das in Gesellschaften mit schiefen Machtverhältnissen leider selten der Fall.

Aber wenn ich das Gespräch nicht führe, bringe ich mich dann nicht um potenzielle Begegnungen? Bleibe ich in Frohnau dann nicht dieselbe Touristin, die ich vor Jahren in Malabo war? Das Gefühl der Distanz, das mich an manchen Tagen und vor manchen Gartenzäunen ergreift, ist dem, das ich in Äquatorialguinea hatte, nicht unähnlich.

Dort taumelte ich hilflos durch die eigene Familienbiografie und in das Büro der Grenzpolizei. Hier durch eine Stadt, in der wir uns gegenseitig noch immer zu wenig Komplexität zugestehen.

Es ist die Summe dieser Erfahrungen, die mich zur Suchenden machen. Die mich in glücklichen Fällen mit den Gedanken anderer Suchender verbinden. Das Buch «Lose Your Mother» von Saidiya Hartman war in dieser Hinsicht ein ganz besonderer Fund. Sie war für ihr Buch in Accra gewesen, um von dort aus die Wege des transatlantischen Menschenhandels nachzuzeichnen. Anhand der Spuren zwischen Inland und Küste erzählt sie, welches kaum fassbare Leid Menschen einander auf diesen Wegen zugefügt haben. Und sie scheint den Schmerz der eigenen familiären Leerstellen dabei stets im Gepäck zu haben.

Nach ihrer Reise entstand ein Text voll anschaulicher Grausamkeit und poetischer Dichte. Ein Flechtwerk, das die Verbindung zwischen Hartmans Leben in New York, ihrer Spurensuche in Accra und dem wortlosen Raum dazwischen beschreibt. Sie berichtet, wie sich den Archiven unserer verflochtenen Geschichten menschliche Erzählungen abringen lassen: etwa über das Leben derer, die während der *Middle Passage* an Krankheit, Hunger, Durst oder schierer Verzweiflung starben. Über Schicksale, die sich an westafrikanischen Küsten, auf dem Atlantik oder auf Baumwollfeldern in den USA so oder so zugetragen haben könnten.

Irgendwo finde ich mich in ihren Spekulationen wieder. Als Schwarze Frau, die selbst Teilen ihrer Identität und einer unbekannten Familie nachspürt – und dabei ebenfalls auf Grenzen stößt. Hartman sucht im unbekannten Ghana sehnsüchtig nach einer Verbindung, doch sie findet sie nicht immer. Manchmal scheint ihr Blick auf die ghanaische Gesellschaft von stereotypen westlichen Vorstellungen verstellt. Dort, wo ihr Fremdeln in Unverständnis umschlägt, wirkt es, als rücke die ersehnte Verbindung in weitere Ferne. Doch gerade dann klingt die Sehnsucht nach Verbundenheit durch.

Ich bin nach meinem ersten Anlauf nicht wieder nach Malabo gereist. Die Erzählungen meines Vaters hatten sich festgesetzt. Ich kam gar nicht erst auf die Idee, den Versuch zu wiederholen. Auch in meiner Wahrnehmung war Malabo ein Ort geworden, dessen Grenzen unüberwindbar schienen. Es hatte sich schlicht bestätigt, dass Äquatorialguinea außerhalb meiner Reichweite lag.

Mein Vater spricht seit kurzem darüber, dass er Malabo vielleicht doch noch einmal sehen möchte. Für ihn scheint die Überwindung dieser Grenze verhandelbar geworden zu sein. Vielleicht wird er sich doch noch einmal auf die Reise begeben. Und vielleicht werde ich ihn begleiten.

Bis dahin lausche ich dem Berliner Stadtverkehr, der mich aus den höheren Etagen mancher Wohnhäuser ans Mittelmeer erinnert. Ich laufe durchs Nikolaiviertel und verliere mich in der touristischen Fremdheit meiner Stadt. Ich lese Texte der syrischen Schriftstellerin Widad Nabi, die beim Blick auf die Nikolaikirche an Syrien denkt. Etwas an diesem Bau erinnere sie an die Tekkiye Süleymans in Damaskus, schreibt sie. Das Gefühl der Geborgenheit, erzählen Freund:innen, stelle sich in Berlin oft unvermittelt ein.

Die eine fühlt sich im Seminarraum mit ihren Studierenden am wohlsten. Die andere am Weddinger Ufer der Panke, wo ihre Identität nicht mehr deutsch-türkisch buchstabiert wird. Eine afghanische Kollegin schreibt in einer Gedichtzeile: «Ich bin mein eigener Ausweis». Und mit diesem Selbstverständnis ist ein traditionelles Berliner Kuchencafé zu ihrem Lieblingsort geworden.

Für mich sind es Bibliotheken. In Hamburg hießen sie Bücherhallen, und ohne sie wäre meine Schulzeit eine tristere gewesen. Dort, wo alte und neue Bücher dicht gedrängt in systematisch geordneten Regalen standen, schien Volksdorf sich zu öffnen, schienen unzählige Welten sich in der Leseecke aufzutun. Heute suche und sammle ich solche Nischen der Zuflucht. Ich fahnde nach Schlupfwinkeln, an denen ich anderen und mir selbst begegne. Archiviere Momente, in denen sich das Gefühl von Zugehörigkeit und Verbindung erschließt.

Ist es das Putzmittel im Kneipenklo? Der Geruch im Treppenhaus der eigenen Wohnung? Sind es vertraute Stimmen, Sprachmelodien, Alltagsgeräusche? Was gibt Menschen das Gefühl, beheimatet zu sein? Ist es tatsächlich nur Vertrautes? Oder fügt sich am Ende Unbekanntes in das Erleben von Zugehörigkeit? Die beruhigenden Klänge von marokkanischem Pop, die aus dem Haus neben dem türkischen Supermarkt hinter der Bezirksgrenze dringen, das verlässliche Meckern des Berliner Rentners, der ein Haus weiter von seiner kleinen Wohnung aus über den Müll auf der Straße schimpft. Die Hoffnung, dass die Verbindung zwischen all dem schwerer wiegt als die reflexartige Abgrenzung. Dass man in vertrauten und unbekannten Nischen gelegentlich auf Trost stößt.

Im Winter vor zwei Jahren wurde die Schönhauser Allee 123 eine meiner Lieblingsadressen. Seit der Schließung des Colosseums war es ein trauriger Ort gewesen. Doch irgendwann entdeckte ich die kleine Pizzeria Ecke Gleimstraße als Treffpunkt für Corona-Spaziergänge. Sie wurde Ausgangspunkt für lange Runden, bei denen eine Freundin und ich in unsere Schals nuschelten, um Zeit miteinander zu verbringen. Manche dieser Momente teilten wir mit den Pizzaverkäufern. Wir freuten uns mit ihnen über jedes neue Bier, das wir bestellten. Darüber, dass wir uns nach ein paar gedrehten Runden wiedersahen. Über jeden Satz, der jenseits von Belag und Extra-Oregano gewechselt wurde. Jedes Lächeln, das in die Corona-Einsamkeit hineinblitzte.

Immer wieder verfluchten meine Freundin und ich uns, weil das gekaufte Bier uns daran erinnerte, dass wir nirgends aufs Klo konnten. Immer wieder freuten wir uns, dass wir es trotzdem tranken. Weil wir wieder einen Ort entdeckt hatten, an dem die Verbindungen zur Stadt sich abzeichneten. Weil die Stadt selbst in Zeiten der Distanz groß genug blieb und uns am Imbiss, an einer kleinen Straßenecke, Raum für Begegnung gönnte.

KAPITEL 4

Arbeit

Your grandmother told you
«You become a woman the day you
can
take heavy words
and grind them till they are honey»

Upile Chisala

Gefühlt arbeite ich schon ewig in Berlin. Ich kann mir kaum noch vorstellen, ein besseres Umfeld für meine Gedanken zu finden. Kurzfristig immer, doch irgendwann zieht es mich zurück. Irgendwann suche ich bekannte und unbekannte Ecken in meiner Stadt auf, um wieder anzukommen.

Kurz vor dem Abitur suchte ich vor allem eines: das Weite. Ich hatte keine genaue Vorstellung davon, wo es zu finden war, doch hinter Volksdorfer Berberitzenhecken schien es sich nicht zu verstecken. Ich wollte schreiben, und die Geschichten, die ich zu erzählen plante, sollten über die Eindeutigkeiten und Gewissheiten der Hamburger Peripherie hinausreichen. Ich wollte studieren, Journalistin werden und unterwegs noch die unbekanntesten Perspektiven aufspüren.

Mit Jobs in Kneipen und Krankenhäusern hatte ich den Absprung vorbereitet. Doch auf eines war ich nicht eingestellt: dass der Blick auf die Welt selbst in Universitäten und Zeitungsredaktionen verstellt bleiben konnte. Dass es dort ähnlichen Anpassungsdruck und ähnliche Machtgefälle gab wie in der Hamburger Vorstadt.

In Volksdorf waren die Strukturen einfach nur etwas offensichtlicher: Biografien verliefen geradlinig, Praxen wurden vererbt, Unternehmen von Generation zu Generation weitergegeben. In unserem schönen, grünen Stadtteil lebten Politiker:innen, Jurist:innen, Intendant:innen, Ärzt:innen. Eine bildungsbürgerliche Elite, die keinen Zweifel am verdienten Erbe alter hanseatischer Traditionen ließ. Es war ein Umfeld voller Möglichkeiten, einschüchternder Erfolgserwartungen und sozialer Grenzen.

Ein Aufbruch über Landes- und Staatsgrenzen hinaus schien der schlüssigste Weg für mich. Tatsächlich führte er in Redaktionsräume, da ich meinen Kindheitsträumen energisch nachstellte. Und durch eine Laune des Zufalls lenkt er mich seit einer Weile wieder an städtische Ränder. Für eine NGO, die versucht, den Austausch zwischen städtischen und ländlichen Regionen zu vertiefen, fahre ich in letzter Zeit gelegentlich nach Brandenburg. An Orte, wo sich zwischen Feldern und Wiesen eine ganz andere Fremdheit auftut als die, vor der ich in Hamburg Reißaus nahm.

Bei meinem ersten Einsatz stellte sich das Fremdeln bereits ein, als ich kurz hinter Pankow in kleine Alleen abbog. Inhaltlich war ich nicht unvorbereitet gewesen. Mein Mann hatte jahrelang für Lokalredaktionen in Brandenburg gearbeitet. Er hatte über Gemeindevertreter-Sitzungen und die Anschaffung neuer Feuerwehrtechnik geschrieben, über Geschäftseröffnungen und -schließungen, lokale Haushaltssperren, Ernteberichte, Radwegplanungen und Grabenpflege. Über das herausfordernde Leben einer Provinz, deren Möglichkeiten Lichtjahre von denen des Volksdorfer Umlands entfernt lagen.

Trotzdem war es eine reservierte Annäherung, als ich vor zwei Jahren erstmals selbst als Journalistin in die Region fuhr. Ich ließ Berliner Kulturblasen und superdiverse Nachbarschaften zurück – sämtliche Orte, an denen sich mein kollektives Ich geborgen fühlte. Die Plots von Juli Zehs und Lola Randls Romanen im Kopf, bewegte ich mich zusammen mit einer Kollegin über Landstraßen nach Märkisch-Oderland – in einem Auto voller Großstadtenergie und mit einem Handköfferchen voll Vorurteilen.

Auf dem Weg zum «Integrationsfachtag» fahren wir durch einsame Dörfer und Landschaften und wittern Kilometer hinter der Hauptstadt bereits die große Fremde. Wir passieren Ortschaften, die von weiten Horizonten, engen Gedanken und klaren Strukturen zu erzählen scheinen. Vom Misstrauen gegenüber Unbekannten und einer fast endlosen Nachwendezeit. Erst als wir ankommen, reißt Schloss Trebnitz uns aus stereotypen Träumen: Es strahlt so gar nicht die isolierte Provinzatmosphäre aus, mit der wir gerechnet hatten.

Apfelbäume, Teiche und Wald vermitteln beschauliche Landidylle, das schon. Ansonsten aber geht es betriebsam zu. Im Minutentakt parken Autos im Schlosshof, und die Geschäftigkeit der ankommenden Gäste zerstört das Bild von Landflucht und Perspektivlosigkeit.

Die meisten kommen aus Märkisch-Oderland, aus MOL: Vertreter:innen aus Politik, Verwaltung und Zivilgesellschaft. Ihre Namen stehen auf dem Programm neben einer Fülle von Themen, die den Tagungsauftrag zusammenhalten sollen: Mit Gesprächen über die Zukunft marginalisierter Menschen, über die Begegnung von Brandenburger:innen mit Berliner:innen und über die deutsch-polnische Freundschaft sieht es nach einem Rundumschlag in Sachen Diversität aus.

So ganz trauen wir der Sache zwar nicht, fallen als Töchter türkischer und guineischer Einwanderer:innen schon etwas aus dem Rahmen. Aber noch bevor wir die Namensaufkleber unserer Berliner NGO an die Pullis heften, wird klar: Es sind weder die internationalen Biografien, noch die transkulturelle Arbeit, die uns in Märkisch-Oderland als Fremde outen. Es ist der Geruch der Hauptstadt. A. und ich sind fast die einzigen Berliner:innen im Konferenzraum. Wir stehen neben Landräten und lokalen Integrationsbeauftragten, Mitarbeiter:innen von Stiftungen, dem Kreissportbund und Berufsbildungsvereinen, Parteimitgliedern der ortsansässigen FDP, SPD und Grünen. Und wir haben keine Ahnung, wie die Uhren in ihrem Landkreis ticken.

Wir haben lediglich ein Gesprächsformat im Gepäck, das die Dauer eines Workshops ausfüllen soll. Es geht um Arbeit – ein Thema, das sich bei unseren Veranstaltungen als brauchbarer Icebreaker etabliert hat. Unser Verein versucht, Menschen zusammenzubringen, die eher selten an einen Tisch kommen. Und in MOL scheint es da einige zu geben. Seit Pandemiebeginn sind Arbeitsstrukturen und Netzwerke porös geworden.

Nicht immer rennen wir mit unseren Angeboten offene Türen ein. Dort, wo Jobmöglichkeiten begrenzt sind und wirtschaftliche Zwänge groß, drängt sich die Notwendigkeit zur öffentlichen Diskussion nicht allen auf. Nette Gesprächsformate aus der Hauptstadt wirken vor existentiellen Problemen gelegentlich etwas unbedarft. Doch auf Schloss Trebnitz haben wir Glück: Der Gesprächsbedarf ist groß, und auch der perfekte Vermittler taucht auf.

S. lehnt an einem Baum vor der alten Scheune. Er beobachtet den Strom der ankommenden Menschen, die wiederum ihn beäugen. Vor sechs Jahren ist er als syrischer Flüchtling in Brandenburg angekommen und wirkt hier deutlich heimischer als wir. Seit dem Vortag führt er uns durch seine Region, zeigt uns in Fürstenwalde sein Büro, Orte, an denen er Freund:innen trifft und an die er sich zurückzieht.

Er spricht längst so gut Deutsch, dass er im Vorbeigehen mit Kioskbesitzer:innen, Bekannten und Kolleg:innen plaudert. Dass er die Moderation einer Fachtagung aus dem Ärmel schüttelt. Nur ganz kurz gerät seine Stimme bei der Begrüßung in Trebnitz ins Stocken – als ihm ein winziger Grammatikfehler unterläuft. Immerhin steht er vor der kniffligen Aufgabe, für eine *weiße* Gruppe brandenburgischer Diversitätsexpert:innen und Berliner:innen mit hauptstädtischem Tunnelblick das Thema Integration zu moderieren. Und vermutlich will er vermeiden, auf das Aushängeschild marginalisierter Minderheiten reduziert zu werden. Da kann man schon mal nervös werden.

Doch schon nach wenigen Minuten hat S. den Raum im Griff. Er bleibt ruhig, als ein SPD-Landrat seine Vorstellung von Integration mit Christentum und Vaterland erklärt. Als eine Integrationsbeauftragte ihre Budgetwünsche energisch vorträgt. Als sich Spannungen zwischen Städter:innen und der Landbevölkerung abzeichnen. Er wird später mit Assoziationsspielen und Flipcharts unseren Workshop beleben. Wird die verschiedenen Anliegen der Teilnehmer:innen geschickt zusammenführen. Und wahrscheinlich ist er einer der wenigen, die eine Veranstaltung wie diese leidlich elegant über die Bühne bringen: weil er das Manövrieren zwischen verschiedenen Perspektiven gewohnt ist.

Als «Experte für Integrationsfragen» hilft S. anderen Menschen, die sprachlichen, bürokratischen und emotionalen Hürden zu überwinden, über die er selbst stolperte, als er in Deutschland ankam. Er erklärt Lehrer:innen die Herausforderungen, denen geflüchtete Eltern in der Fremde begegnen. Er unterstützt Eltern, die ratlos vorm deutschen Schulsystem stehen.

Er kennt diverse Geschichten von Menschen, die mit schlechteren Startbedingungen als er nach Deutschland kamen, zahllose Fälle, die im Jobcenter endeten. Er hat miterlebt, wie alteingesessene und neuzugezogene Brandenburger:innen depressiv wurden. Weil ihnen ohne Job Anerkennung, Orientierung und soziale Verbundenheit abhanden kamen.

S. kam selbst ohne Kontakte und nennenswerte Sprachkenntnisse nach Brandenburg. Der Job, den er heute ausübt, scheint wie für ihn gemacht. Und doch musste er enorme Flexibilität aufbringen, um ihn im deutschen, bürokratischen Dickicht zu finden. Er musste sich Sprache und Kultur *erarbeiten*, die Vergangenheit in Syrien *verarbeiten* und gegen die Skepsis mancher Alteingesessener *anarbeiten* – denn stets stand die vermeintliche Gefahr im Raum, dass er ihnen die spärlich vorhandenen Möglichkeiten wegnehmen könnte.

Vielleicht ist Flexibilität die wichtigste Qualität, die ihn für die Arbeit in der Region prädestiniert. Vielleicht braucht Märkisch-Oderland Menschen, die, genau wie er, zwischen Sprachen und Erfahrungen vermitteln. Die sich weder von Alteingesessenen auf Jobsuche einschüchtern lassen noch von landsehnsüchtigen Großstädter:innen, die außerhalb Berlins ihr Glück suchen. Vielleicht braucht es Menschen, die wissen, wie es sich in Asylbewerber:innenheimen lebt, aus denen man mit schlechten Verkehrsanbindungen kaum rauskommt. Die am eigenen Leib erfahren haben, dass der Fachkräftemangel die Einstellungshürden für geflüchtete Menschen nur selten ausgleicht.

Bevor S. als Moderator in Schlössern arbeitete, hat er die Gegend lange nach Jobmöglichkeiten durchkämmt. Er hatte gehofft, sie in den

Redaktionsräumen lokaler Zeitungen zu finden. Nach seiner Flucht wollte er als Journalist weiterarbeiten, über politisches und gesellschaftliches Leben berichten, wie damals in Damaskus. Doch er konkurrierte mit muttersprachlichen Kolleg:innen, von denen immer mehr selbst ohne Arbeit dastanden.

Vor seiner Flucht war er aus einem Damaszener Vorort ins Zentrum der Hauptstadt aufgebrochen, um als Journalist zu arbeiten. Er hatte die suburbane Zurückgezogenheit gegen journalistisches Großstadtleben eingetauscht und über eine Bevölkerung in der Krise berichtet. Auch in Damaskus stand die konfliktreiche Gegenwart im Zentrum seiner Arbeit. Doch von dort musste er fliehen – hier ankommen.

Es kann nicht leicht gewesen sein, die eigene Stimme vor deutscher Kleinstadtkulisse wiederzufinden. Doch vielleicht half der frühere Beruf. Vielleicht heftet S. sich auch dem neuen Wohnort journalistisch fragend an die Fersen. Begegnet ihm durch die Perspektiven seiner Klient:innen, die er im Geiste porträtiert. Durch die Augen der Mutter, die den Lehrer ihrer Kinder nicht versteht. Durch die Geschichte der Schülerin, die im Schachclub der muslimischen Initiative Anschluss fand. Vielleicht hält der Journalist in ihm ein leises Fremdeln wach, das ihn in die Auseinandersetzung mit seinem deutschen Leben treibt.

Die Journalistin Masha Gessen schreibt in «Leben im Exil» darüber, wie sie in den 1980er Jahren durch die Emigration in die USA einen kurzen Moment der Stimmlosigkeit erlebt hat. Bereits die relativ unproblematische Erfahrung ihrer Familie habe ihr einen Eindruck von der Hilflosigkeit vermittelt, die sich durch Flucht ergeben kann. Auch Gessen hat sich später für das berufliche Erzählen entschieden. Für ein Leben als Journalistin, um «den Mächtigen auf die Finger zu schauen». Doch bis heute hadert sie mit der Tatsache, dass auch ihr Beruf Macht verleiht. «Wir Journalisten müssen jeden Tag, jede Woche, jede Stunde entscheiden, wie wir mit dieser Macht umgehen», schreibt sie.

Wenn ich als Schülerin von Redaktionsräumen und investigativen Reportagen träumte, war es die Konfrontation mit anderen Lebensentwürfen, Schicksalen und Erfahrungen, die mich anzog. Im Journalismus witterte ich die Chance, Welten beschreiben zu können, an denen mein Volksdorfer Umfeld vorbeizuleben schien. Meine Hoffnung formierte sich beim Durchblättern der angestaubten GEO-Hefte meiner Großeltern und im Erleben einer internationalen Kindheit. Erst Jahre später kollidierte sie mit der Realität.

Nach dem Studium verließ ich euphorisiert die Universität, an der ich ein paar idealistische Jahre verbracht hatte. Ich war wild entschlossen, erlernte Theorien ins Leben zu übersetzen, und kam zurück nach Berlin. Als Redaktionsassistentin erhielt ich bei Le Monde diplomatique einen Job, redigierte, übersetzte und schrieb kleine Texte, bevor ich wieder kündigte, mich als freiberufliche Journalistin neu sortierte und schon nach wenigen Jahren frustriert war.

Plötzlich bekam auch ich es mit Machtstrukturen zu tun. Jenseits der weltoffenen kleinen Redaktion, in der ich gearbeitet hatte, wirkten die Perspektiven einiger neuer Auftraggeber:innen bereits recht festgefahren. Viele Zeitungen und Magazine bildeten Fremdheit als etwas ab, das sich in der Regel vom Leben der Dominanzgesellschaft abgrenzte. Oft war sie im krisengeschüttelten außereuropäischen Anderswo verortet oder in einer sozialen Randständigkeit, die kaum Verbindungen zum «Leben in der Mitte» aufwiesen. Eine gefühlte Distanz schwang mit in antagonistischen Bildern von «Anderen», die der deutschen Gesellschaft in vielfältiger Form «gegenüberzustehen» schienen.

Wenn ich über strukturelle Mängel schrieb, die sich zwischen Schulen und Theatern, Museen und Ämtern, ländlichen und städtischen Regionen auftaten, dann selten aus der Sicht einer Schwarzen deutschen Frau. Sondern stets in einem Rahmen, der Mehrheitsmeinungen nicht ins Wanken brachte. Manchmal verstärkten meine Texte die Wahrnehmung exotisierter Differenz sogar. Ein Porträt über eine regimekritische Tänzerin aus China. Ein Interview mit einem Schwarzen Regisseur, der es aus Soweto auf die Bühnen von Kapstadt und Johannesburg «geschafft» hatte. Erzählenswerte Geschichten, ohne Frage. Doch Titel, Teaser und Schwerpunktsetzung spielten nicht selten mit der Idee des Otherings.

Während des Studiums hatte ich eurozentrische Weltanschauungen ernsthaft hinterfragt. Doch beruflich orientierte ich mich lange am Wahrnehmungsspektrum der Mehrheit. Vielleicht saß die Vereinnahmung als Afrika-Expertin aus Kindertagen zu tief. Jedenfalls war ich bemüht, zu beweisen, dass ich voll und ganz dazugehörte. Dass ich das Vokabular der Berliner Medienzirkel, in denen ich verkehrte, fehlerlos beherrschte. Es dauerte, bis mir aufging, dass es Wege gab, die an medialen Mehrheitserzählungen vorbeiführten. Dass es durchaus möglich war, die Welt abzubilden, wie ich sie wahrnahm.

Mittlerweile kenne ich immer mehr Kolleg:innen, denen das Phänomen vertraut ist. Die selbst damit gerungen haben, alte Anpassungsmechanismen abzuschütteln, um der eigenen Haltung Raum zu geben. Aber auch jüngere Generationen werden noch immer in stereotype Rollen gedrängt. Schon in Kindergärten und Schulen zeigt sich: Wer nicht als *weiß* gelesen wird, der oder dem wird schnell Unkenntnis in vielen Bereichen unterstellt. Wer Geige spielt, hat größere Chancen bei Musikwettbewerben als eine Oud-Virtuosin. Wer eine Herkunftssprache spricht, die das europäische Selbstverständnis untermauert, wird seltener unterschätzt als mit Erstsprache Türkisch, Polnisch oder Russisch. Wer sich sorgen muss, ob die Eltern die nächste Miete bezahlen können, konzentriert sich aus guten Gründen weniger auf die nächste Klassenarbeit. Und wer trotz allem den Bildungsaufstieg «schafft», wird in Einstellungsverfahren doch häufig übersehen – weil das Beherrschen sozialer und kultureller Codes im Berufsalltag ebenso über Zugehörigkeit entscheidet wie der richtige Nachname.

Es ist das große Einmaleins der Exklusion. Aber es gibt auch ein kleines. Selbst privilegierte Menschen, die ins System integriert sind, müssen sich unter bestimmten Umständen die Zugehörigkeit neu erkämpfen.

Als ich Herrn K. für eine Reportage interviewte, war er bereits Erzieher und Genderbeauftragter in einer Kreuzberger Kita. Die Kolleg:innen hatten sich mit seiner Vergangenheit arrangiert. Doch anfangs hatte es Irritationen gegeben. Darüber, dass K. in einem früheren

Leben Funksprüche im Kosovo abgehört hatte. Dass er Kriege erlebt hatte. Dass er mit seinem alten Beruf einem Männerbild entsprach, das bei aller ersehnten Gendergerechtigkeit nicht kompatibel mit dem liebevollen Pädagogen von nebenan schien.

Nachdem ein Kamerad in Afghanistan gestorben war, hatte K. seine Freiwilligenmeldung zurückgezogen, den Job als Fernmeldeaufklärer an den Nagel gehängt und den Papierkram für die Umschulung erledigt. Schon sein Onkel und Großvater hatten als Erzieher gearbeitet. Er selbst hatte einfach nur länger gebraucht, um seinen Weg zu finden. Nach ein paar Wochen, die er in der Kita zwischen Wickeltisch und Leseecke verbracht hatte, war ihm klar geworden, dass er ihn gefunden hatte.

Bei einer der ersten Teamsitzungen schlug er vor, die Kinder während eines Berufsprojekts in die Kaserne mitzunehmen. Soweit ich weiß, ist daraus nichts geworden. Aber er hat seinen Zuständigkeitsbereich vom Fußball- und Computerexperten schnell zum Genderbeauftragten ausgebaut. Und er strahlte an jenem Morgen, den ich mit ihm und seiner Gruppe verbrachte, auch nach dem fünfzehnten Naseputzen.

Nicht alle Azubis, mit denen er gelernt hatte, gingen so im neuen Job auf wie er, das erzählte die Ausbilderin. Einige machten die Umschulung nur, weil es mit der Karriere als Berufssoldat:in nicht geklappt hatte und sie das Umschulungs-Angebot an der Bundeswehrfachschule als einzige Alternative sahen.

Verständlicherweise fanden nicht alle von ihnen ihr Glück in der Pädagogik. Nicht selten trieben Frustration und fehlendes Selbstbewusstsein sie nach dem Ausscheiden aus dem Militärdienst um. Vor allem dann, wenn sie nach traumatischen Kriegseinsätzen nur schwer zurück ins Leben fanden. Die unverstellte Zuneigung von Kleinkindern überwältigte die meisten. Doch die Anerkennung, die sie sich von der Bundeswehr erhofft hatten, wurde dadurch nicht immer aufgefangen. Wie in kaum einer anderen Berufsgruppe zeigte sich bei den ehemaligen Soldat:innen, wie sehr sie sich mit ihrem Job identifiziert hatten. Wie sehr sie darunter litten, über diesen Teil ihrer Identität keine Bestätigung mehr zu erfahren.

Doch immerhin hatten sie sich irgendwann mal mit etwas identifiziert.

Viele andere Arbeitsbiografien in Deutschland sehen prekärer aus. Sie enden in Überforderung, in doppelten und dreifachen Schichten. In ausbeuterischen Strukturen, in Jobs, in denen immer mehr Menschen als dezentralisierte Handlanger:innen und Tagelöhner:innen verheizt werden. In denen Essen oder Pakete unter stetig wachsender Arbeitsanforderung ausgeliefert werden. In denen Menschen um ihr Auskommen fürchten, ohne die Aussicht auf einen alternativen Arbeitsplatz.

Die Unsicherheit schlägt in unterschiedlichste Richtungen aus:[1] Es kann Pfleger:innen wie Journalist:innen treffen, Menschen mit Ausbildungsberufen oder Doktortiteln. Angestellte, die durch Corona jahrelang zu wenig in Kurzarbeit verdient haben, Freiberufler:innen, die in der Pandemie ohne Aufträge dastanden, Eltern, die im Homeschooling festhingen. Und steigende Energiepreise werden die Situation kaum entspannen.

In Film und Literatur kämpfen Menschen sich unter größter Anstrengung aus solchen Situationen heraus, lassen sich unter härtesten Bedingungen nicht unterkriegen. Und wer weiß, vielleicht gibt es sie ja auch jenseits der Kunst: Kassierer:innen, die ihre Arbeit im Supermarkt noch unter Corona-Bedingungen als sportlichen Kampf gegen die herausfordernde Kundschaft verstanden haben. Arbeiter:innen, die am Fließband für Individualität sorgen, in- dem sie winzige Abweichungen in die Produkte einbauen, um kreative Sabotage-Momente im eigenen Beruf zu erleben.[2]

Oder ist es am Ende doch nur das Wunschdenken der Privilegierten? Dass prekäre Berufsbedingungen durch die Kraft der Gedanken Aufwertung erfahren. Dass es immer einen Ausweg gibt.

Als ich meinen ersten Redaktionsjob nach drei Jahren verließ, war ich naiv genug, zu glauben, der Markt würde auf eine freiberufliche Journalistin mit unspezifischen Schwerpunkten warten. Ich probierte vieles aus, mochte mich nicht festlegen. Und manchmal legte ich inhaltliche Spagate hin, damit ich den nächsten Auftrag bekam. Ich arbeitete mich von Gebrauchstexten über Rezensionen und Reportagen zu einer vernehmbaren Haltung vor. Und irgendwann pochte mein journalistisches Ich vehement auf seine Freiheit. Dabei merkte es kaum, wie die finanzielle Unsicherheit an ihm nagte.

Mit Heike Geißlers Buch «Saisonarbeit» bekamen die Unwägbarkeiten meines Autor:innenlebens eine Sprache. Als ich es las, arbeitete ich seit ein paar Jahren wieder in verlässlicheren Strukturen. Doch das Buch brachte noch einmal in aller Deutlichkeit auf den Punkt, wie lange die Unsicherheit mein Arbeitsleben bestimmt hatte – wie wackelig sich die meisten schreibenden Menschen durchs Leben bewegten.

2002 war Geißlers gefeierter Debütroman «Rosa» erschienen. 12 Jahre später kam ein fiktionalisierter Bericht über ihre Saisonarbeit in einer Lagerhalle von Amazon heraus. In einem Interview erzählt sie, dass auf den großen Erfolg nicht automatisch der nächste gefolgt war.[3] Das Leben war weitergegangen, das zuverlässige Geld nicht hinterhergekommen. Schreiben war ein Luxus geblieben, der durch fremdbestimmte Jobs im Callcenter, im Quelleversand oder im Logistikzentrum finanziert werden musste.

Die Produkte, denen Geißler auf den Weg zu ihren Käufer:innen verhalf, hatten so wenig mit ihr zu tun, dass sie bereits die Straßenbahnfahrt zur Arbeit als Weg ins Nirgendwo beschreibt. Sie schildert das Innere der großen Arbeitshalle, in der sie ihre Schichten absitzt, als hektischen Ort, der durch die Bewegung umherfahrender Gabelstapler schwingt. Als Ort der Hast, in dem es Föhne, Kuscheltiere und Bücher im Eiltempo zu verpacken gilt und in dessen Tempo sich über kurz oder lang viele zu verlieren scheinen.

Ich las ihren Text und erkannte etwas, das ich lange vor mir geheim gehalten hatte. Die ausbeuterische Tristesse der Logistikhalle hatte ich nicht erlebt. Doch die jahrelange Rechnerei, ob das Geld am Monatsende reichen würde, war mir vertraut. Geißlers Buch eröffnete mir neue Perspektiven auf die brutale wirtschaftliche Realität anderer Autor:innen.

Es stellte mich vor die Frage, warum ich diese Realität so lange nicht hinterfragt hatte, warum ich weitergemacht hatte, bis ich ein

Modell aus Schreiben und Lektorieren gefunden hatte, mit dem sich doch noch etwas Geld verdienen ließ. Die Antwort war simpel: Anders als Millionen anderer Menschen hatte ich die Möglichkeit, Fragen und Themen, die mich umtrieben, öffentlich zu verhandeln. Selbst wenn meine Arbeit mich lange nur «über Wasser» gehalten hatte, markierte mein Schreiben Handlungsfähigkeit.

Wie viele andere mussten einen Alltag voller Überstunden, ständiger Einsatzbereitschaft, prekärer Arbeitsbedingungen und schlechter Bezahlung allein mit sich ausmachen?

Als ich die Familie meines Mannes kennenlernte, hatte ich meine Resilienz noch nicht durch Jobs im Onlineversand beweisen müssen. Doch die Fremdheit zwischen uns war schnell ausgemacht. Seine Eltern sind ein wohlhabendes Paar in Rente, leben ein beschaulich privilegiertes Leben und legen Wert auf solide Verhältnisse. Als wir uns zum ersten Mal begegneten, schrieb ich noch jeden Monat gegen meine Dispozinsen an und wohnte noch immer in einer winzigen Wohnung. Ihr sattes vorstädtisches Umfeld glich Volksdorfer Verhältnissen. Und aus dieser Perspektive wirkte mein Leben wie eines, das es zu optimieren galt.

«Sei aber mal nicht zu fleißig», sagt meine Schwiegermutter heute regelmäßig am Ende unserer Telefonate. Eine paradoxe Botschaft. Einerseits wünscht sie sich wahrscheinlich, dass ich mich mit meinem Job nicht selbst ausbeute. Andererseits geht sie davon aus, dass ich pflichtbewusst und hart arbeite, wie es die protestantische Ethik vorschreibt. Ihr «Nicht zu viel» ist ein subjektiver Wunsch nach Ausgewogenheit. Im Journalismus aber lassen selbstständige Strukturen dieses Verständnis von Balance kaum zu.

So prallen die Erfahrungen einer freiberuflichen Journalistin auf die einer älteren Frau mit komfortablen finanziellen Polstern. Und doch liest sie fast jeden meiner Texte. Sie nimmt es mit feministischen und anti-rassistischen Diskursen auf, die ihr Umfeld befremden würden. Einmal habe ich sie spätabends mit einem Missy Magazine in der Hand erwischt. Irgendetwas scheint sie an meinem beweglichen Leben zu faszinieren. Mich dagegen fasziniert die hartnäckige Verschwiegenheit, mit der sie um ihre komplizierte Vergangenheit, ihre Rolle in der Familie und die eigenen Bedürfnisse herumschleicht. Die Skepsis, mit der wir den unbekannten Perspektiven der Anderen begegnen, ist so ausgeprägt, dass sie am Ende doch immer wieder Neugier weckt.

In der Regel umkreisen wir einander, ohne in die direkte Konfrontation zu gehen. Wir meiden den sprachlichen Vollkontakt, definieren Auseinandersetzung anders, als es meine gehetzte Branche derzeit tut. Im aktuell aufgeladenen Debattenklima bestünde für uns nur Verletzungsgefahr.

Beruflich dagegen stehen mein lautes und leises Ich in ständigem Kontakt. In Zeiten der Unsicherheit werden sie immer häufiger angefragt, wenn es darum geht, zwischen Mehr- und Minderheiten, Generationen, Erfahrungen und Perspektiven zu vermitteln. Seitdem Verlage und Museen mich als *sensible Lektorin* buchen, bin ich auf einmal begehrter Teil eines Kulturbetriebs geworden, der mit den eigenen blinden Flecken ringt.

Irgendwann kam die Bezeichnung *Sensitivity Reading* in Deutschland an und wurde ein Begriff in kulturellen Sphären. Er führte eine Form des Lektorats ein, die sich sensibel und möglichst vorurteilsfrei mit textlichen Inhalten beschäftigt und auf Lektor:innen setzt, die selbst Formen der Diskriminierung erleben. Denn es zeigte sich, wie sehr der bislang noch immer wenig diverse Kulturbetrieb an unterschiedlichsten Formen der Angst litt. Angst vor sprachlichen Fettnäpfchen und Shitstorms, Angst vor der vermeintlich übermächtigen Identitätspolitik oder Angst vor der eigenen «Courage», sie schlicht zu ignorieren.

Immer häufiger suchen Kolleg:innen aus Kultur und Medien mittlerweile den Austausch mit Menschen, die ihre Perspektiven erweitern. Sie versuchen sich weiterzubilden oder abzusichern – oft beides. Doch Abwehr ist schnell zur Stelle, wenn die Auseinandersetzung am Selbstverständnis und den Privilegien der Auftraggeber:innen kratzt. Meist ist das der Moment, in dem die Arbeit der sensiblen Lektor:innen kompliziert wird.

Denn wie lässt sich über die Arbeit am Text diskutieren, wenn die marginalisierte Perspektive nur dann angenommen wird, wenn sie bequem erscheint? Wie kann umgekehrt ein Gespräch entstehen, wenn nur meine «Schwarze Perspektive» von Bedeutung sein soll? Steht die Wahrnehmung von Diskriminierung nicht immer in größeren gesellschaftlichen und politischen Zusammenhängen? Auch mein Bewusstsein für Sensibilität und Differenz ist ein komplexes, das es regelmäßig zu überprüfen gilt. So wie das aller anderer Autor:innen, Redakteur:innen, Lektor:innen – Menschen.

«Es wird zu meiner Verantwortung, Lehrkräfte fortzubilden, in deren Schulen die Kultur meiner Kinder keine Rolle spielt», schrieb Audre Lorde 1984. «Von uns Schwarzen und People of Color wird erwartet, dass wir *weiße* Menschen von unserer Menschlichkeit überzeugen. Frauen sollen Männern ihr Frausein darlegen. Queere Menschen sollen die heterosexuelle Welt aufklären [...] Für uns bedeutet das einen ständigen Verlust von Energie, die besser dazu genutzt werden könnte, uns selbst zu definieren und realistische Szenarien für die Veränderung der Gegenwart und die Neugestaltung der Zukunft zu entwerfen.»[4]

Lorde greift aktuellen Debatten in einem fast 40 Jahre alten Essay vor. Sie beschreibt darin eine Gesellschaft, die auf wackeligen Beinen in eine fluidere, verbundenere, großzügigere Zukunft wankt. 2023 ist das in Deutschland eine Gesellschaft, deren relative Stabilität noch immer nicht auszureichen scheint, um den Problemen der Gegenwart gemeinsam zu begegnen. Um von einer hyperdiversen Realität zu profitieren, anstatt vor ihr zu kapitulieren.

Als meine Mutter ihren Job als Krankenpflegerin antrat, erschien die Welt vielleicht noch etwas übersichtlicher. Als Nachkriegskind, das der Boomer-Generation altersmäßig knapp voraus war, zerbrach sie sich noch nicht täglich den Kopf über komplizierte Arbeitswelten oder die Kollateralschäden des Kapitalismus. Der kam ohnehin noch im unschuldigen Gewand sozialer Marktwirtschaft daher. Mit 25 heuerte sie in einem Krankenhaus an, in dem sie bis zur Rente arbeitete, und blieb damit über 40 Jahre lang an jenem Ort, an dem ich auf die Welt kam und mein Großvater starb.

Vieles von dem, was sie damals auf der Inneren und in der Gynäkologie gelernt hat, was sie durch die Arbeit mit Epilepsie-Patient:innen und ihre Ausbildung zur Intensivpflegerin wusste, ist heute überholt. In den 1970er Jahren gab es auf ihrer Intensivstation zehn Betten, zwei Pfleger:innen und eine Handvoll alter Beatmungsgeräte. Aus heutiger Sicht also nicht viel Erquickliches: Patient:innen starben, etwa weil medizinische Geräte weniger funktionsstark waren. Oder sie litten, weil Behandlungsmethoden noch gar nicht entwickelt waren. Auch früher war nicht alles besser.

Doch meine Mutter liebte ihre Arbeit. Sie zog Sinn und Selbstbewusstsein aus einem Beruf, der noch nicht durch permanenten Pflegenotstand geprägt war. Irgendwie fanden sie und die Kolleg:innen trotz anstrengender Schichtwechsel und Überstunden Zeit, während der Nachtwachen Karten zu spielen. Sie brauten eigenen Met aus den Inhalten des Medikamentenschranks. Und einmal warfen sie den unglückseligen Schafen auf der Krankenhauswiese mit Ethanol getränkte Brötchen runter. Was nach schräger Netflix-Komödie klingt, war ein Klinikalltag, in dem einiges schwergängiger war als heute. Überhaupt war die gesellschaftliche Beweglichkeit damals noch überschaubar. Doch immerhin hielten fragwürdige Bewältigungsstrategien ein paar Pfleger:innen davon ab, das Krankenhaus ausgebrannt und in Scharen zu verlassen.

Wenn meine Oma und ich an den Wochenenden vorbeikamen, um Grillhähnchen und Pommes bei der Belegschaft abzuliefern, wirkte das Team fast immer beschwingt. Bei jedem Abschied fragte der leitende Anästhesist: «Und – wann fängst du hier an?» In der Regel steckte ich mir eine Pommes in den Mund und blieb die Antwort schuldig.

Meine Mutter hatte ihre pragmatische Nächstenliebe in einen Beruf verwandelt. Doch die tägliche Routine ihres Arbeitslebens erschien mir beklemmend. Für mich war nach der Schule längst noch nicht ausgemacht, wie mein Berufsleben genau aussehen sollte. Und anders als meine Mutter konnte ich dieser Frage in Ruhe nachgehen. Ich hatte noch kein Kind zu versorgen und gehörte zu jenen Abiturient:innen, denen der Erfolgsdruck nicht gleich nach der letzten Klausur im Nacken hing. Ich konnte raus aus dem Vorort, der Stadt, dem Land – aus einem Umfeld, in dem ich die Rolle der Anderen schon etwas zu lange gespielt hatte.

Also suchte ich mir vier Zugstunden südwestlich von Hamburg einen Kneipenjob und einen Praktikumsplatz im Theater und sah anderen beim Spielen zu. Mich faszinierte die inszenierte Kraft großer Emotionen. In Volksdorfer Villen hatte man die Nase über Gefühlsausbrüche jeglicher Art gerümpft. Das Kölner Stadttheater schien seinem Publikum die dramatischen Gedanken nun entgegenzubrüllen. Hingerissen übte ich als Praktikantin Dialoge mit Ingrid André, schleppte Bücher aus der Bibliothek in die Dramaturgie und fand Spielplan-*Heldinnen* von Emmy Göring bis zur Jungfrau von Orleans inspirierend.

Dass der Raum für diversere Bühnencharaktere noch limitiert war, bemerkte ich kaum. Erst nach fünf Jahren in London registrierte ich die Lücken in deutschen Diskursen. Großbritannien schien Deutschland in der Auseinandersetzung mit verschiedensten gesellschaftlichen Themen um Jahrzehnte voraus. Doch in den frühen Nullerjahren ließ es sich auch hierzulande kaum noch wegreden: dass Demografien sich verschoben hatten und Superdiversität längst das Leben in sämtlichen Metropolen prägte. Nur fehlte es an öffentlichen Räumen, in denen sich die Vielfalt zeigen durfte.

Olga Grjasnowa kritisiert in «Die Macht der Mehrsprachigkeit», dass es nach wie vor an einer flexiblen Wahrnehmung von Zugehörigkeit hapert. Dass ihre Kinder durch die eigene Mehrsprachigkeit in der Kita mit dem Kürzel «ndH» (nicht-deutsche Herkunftssprache) stigmatisiert werden – einem gesellschaftlichen Urteil, mit dem Armut, «Bildungsferne» und «Halbsprachigkeit» assoziiert würden. Auch dass sie selbst gelegentlich noch immer als «Welt-Literatin» bezeichnet wird, obwohl sie bereits als 11-Jährige von Baku nach Hessen kam. Sie hat diverse Stipendien und Literaturpreise erhalten und schreibt dennoch, sie habe ihrer Sprache lange nicht vertraut.

Wir leben in einem ausgefeilten System der Exklusion. Ich weiß das, weil ich es selbst bedient habe. Weil ich die blinden Flecken erst aufspüren musste, die mein Arbeitsumfeld durchzogen: die Verallgemeinerungen, das Ausblenden fremder Realitäten, das Festhalten an mehrheitstauglichen Perspektiven. Bis heute bleibt auch mein journalistisches Ringen um Vielfalt vor allem eines – Arbeit.

Dabei bestärken mich Menschen, die sich nicht von Anpassungsreflexen ausbremsen lassen: die in verschiedensten Berufen bis zur Selbstaufgabe für gesellschaftliche und politische Kurswechsel kämpfen. Nicht selten werden sie Aktivist:innen genannt. Aber vielleicht sind sie auch einfach nur Menschen, die ihre Anliegen bis zur letzten Konsequenz verfolgen. Die sich an der Schnittstelle von sozialen Bewegungen und institutionellen Strukturen um den konstruktiven Ton der Partizipation bemühen.

2019 hatte das Bundesministerium für Gesundheit zum Tag der offenen Tür geladen.[5] Helium-Ballons waren aufgehängt worden, die «Sendung mit der Maus» hatte ihre Hauptprotagonistin entsandt, und ein Stoff-Darm zum Durchkrabbeln war für die jüngsten Besucher:innen aufgebaut worden. Zwischen Entertainment und medizinisch Lehrreichem hatten Raul Krauthausen[5] und andere Aktivist:innen von AbilityWatch und den Sozialheld:innen sich eingefunden, weil sie mit Jens Spahn über einen Gesetzesentwurf sprechen wollten, der ihnen Sorge bereitete. Es ging um das Intensivpflege- und Rehabilitationsgesetz, durch das Menschen mit hohem Bedarf an Behandlungspflege den Anspruch auf häusliche Krankenpflege verlieren – und damit die Chance auf ein selbstbestimmtes Leben.

Die Aktivist:innen wollten reden, Spahn aber nicht. Als Krauthausen sich ihm mit seinem Rollstuhl in den Weg stellte, hielt der damalige Gesundheitsminister kaum an und vertröstete ihn im Vorbeigehen auf ein Gespräch zu einem passenderen Zeitpunkt. Offenbar war der Tag der offenen Tür kein guter Moment, um als behinderter Mensch sein Anliegen vorzutragen. Also drehten Krauthausen und seine Mitstreiter:innen das aktivistische Mikro etwas lauter und besetzten die Bühne, die eigentlich für die Maus reserviert war. Irgendwann ließen sie den menschengroßen Nager durch, aber nicht, ohne sich vorher die Zusage für ein Gespräch mit Spahn zu sichern. Inhaltlich kam bei diesem Gespräch enttäuschend wenig raus. Doch «Aktivist:innen» hatten wieder mal bewiesen, dass manche Belange überhaupt erst ab einer gewissen Lautstärke diskutiert werden.

Wie laut muss Kritik grundsätzlich sein, damit sie gehört wird? Wie viel Arbeit müssen Menschen investieren, um auf die Ungleichheit aufmerksam zu machen, die nach wie vor in unseren Systemen steckt? Wie kann der Weg in diverse Zukünfte aussehen, wenn er ein Gespräch unter Vielen voraussetzt? Wir *alle* müssten uns das fragen. Müssten den selbstkritischen Umgang mit Diskriminierung, Exklusion und Ungleichheit vehementer einfordern. Ihn als Arbeitsauftrag annehmen, der uns am Ende in Teamfähigkeit trainiert.

Als Schwarze Frau aus *weißer* Familie bin ich zumindest schon etwas im Training. Mich verbindet das Austarieren von Perspektiven, Erwartungen und Verletzungen mit meiner deutschen Verwandtschaft. Irgendwie haben wir gelernt, das Unverständnis auszuhalten, das aus offensichtlichen Gründen immer mal wieder zwischen uns steht. Haben gelernt, dass sich stets neue unerwartete Stolperfallen auftun. Der Beruf meines Großvaters ist so ein Fall. Seine Seefahrtsgeschichten lieferten dem Fernweh meiner Mutter Futter – doch es waren nicht die differenziertesten Erzählungen vom Anderswo.

Er war Kapitän in einer Hamburger Reederei, und in hanseatischer Handelstradition steuerte er die Kontinente auf der anderen Seite des Atlantiks an. In vielerlei Hinsicht war mir sein Beruf früher ein Rätsel. Er redete kaum über die Arbeit. Ich wusste nur, dass er einmal im Monat zum Stammtisch ging und dass alle Männer, die dort hinkamen, zur See gefahren waren. Als ich später erfuhr, dass jeder von ihnen Kap Horn umschifft hatte, fügte sich ein Bild zusammen. Ich begann zu ahnen, wie sehr das Abenteuer, «die Welt zu entdecken», meinen Großvater aus Westfalen heraus und aufs Meer gelockt hatte. Manchmal schien es fast, als gliche die Fremde, der er nach wochenlanger Überfahrt begegnet war, den Bildern aus meinen Reisekatalogen. Erzählungen über Rio, Montevideo oder New York klangen aus der Perspektive eines ankernden Seemanns ähnlich schillernd. Auch seine Mitbringsel bezeugten immer wieder, dass die Fremde bequem ins Handgepäck passte.

Eines seiner Geschenke war ein Brettspiel gewesen, das wir früher oft spielten. Vier Personen konkurrierten darin um den besten Zoo der Welt. Es ging darum, den eigenen Tierpark mit möglichst vielen Arten zu bestücken, die man auf dem Seeweg einsammelte. Ich lernte, wo Schabrackentapir und Schuhschnabel heimisch waren oder wo die Abgottschlange ihr natürliches Umfeld hatte. Und ich lernte, das sämtliche Tiere verkäuflich waren. Die Artenschutzgedanken, die in modernen Zoos längst Standard sind, steckten noch in den Kinderschuhen, also zog ich fragwürdige Lehren aus unserem Spiel: Anscheinend war das achtlose Einsammeln imaginierter Exotik etwas ganz «Normales». Das Ansammeln eines lebendigen Anderswo, das nicht gefragt wurde, ob es fernab der Heimat hinter Gittern weiterleben wollte.

Die Reederei Hamburg Süd, mit deren Frachtschiffen mein Großvater seit den 1950er Jahren fuhr, transportierte Waren wie Zucker, Kaffee und «Südfrüchte» nach Europa, während sie von hier aus Medikamente, Fernseher und Autoteile nach Übersee brachte. Ich habe das kürzlich recherchiert, denn in unserem Haus wurde nicht viel darüber gesprochen. Wir redeten nicht darüber, dass dieser Handel auf ein ungerechtes Weltwirtschaftssystem zurückging. Auf ein System, dessen historische Wurzeln unter anderem in der kolonialen Ausplünderung Südamerikas lagen. Vermutlich hätte meine Großmutter gesagt, dass dieser Handel unser Haus finanzierte, in dem sie nun endlich in Ruhe zwei Weltkriege vergessen wollte.

Als ich vor zwei Jahren eine Übernachtung auf der Cap San Diego geschenkt bekam, dachte ich an all die Gespräche, die wir nicht geführt hatten. Das Schiff ankert seit 1986 im Hamburger Hafen und gehört zur «Cap-San-Klasse» – den «weißen Schwänen des Südatlantiks». Auf seiner letzten Fahrt fuhr mein Großvater mit ihr zurück nach Hamburg.

Ich habe auf anderen Schiffen dieser Art geschlafen, habe auf Kommandobrücken gestanden, mich mit Funkern unterhalten, Kapitänszimmer besichtigt und mich etwas in die Geschichte der Seefahrt eingelesen. Und irgendwie ist es mir dabei gelungen, die Seefahrtsromantik meines Großvaters zu konservieren.

Er platzierte seine Geschichten über die Arbeit in spärlichen Dosen. Gelegentlich spann er sein Seemannsgarn auf gemeinsamen Spaziergängen. Ansonsten spielte er geduldig Zoohandel mit mir, kam und ging und war eine leise, verlässliche Präsenz. In meiner Kindheit war er der Ruhepol unserer Familie, und ich liebte ihn für sein sanftes Wesen. Zu Hause war er das Gegenteil des Abenteurers. Er war einfach da, saß im Schaukelstuhl und blickte verwundert auf das Leben, das sich an Land vor ihm entfaltete. Meine Erinnerung an ihn gerät nicht ins Wanken, wenn ich den Hamburger Hafen mit dekolonialem Blick durchleuchte. Ich weiß um die historischen Verstrickungen von Speicherstadt und Baakenhafen wie um die blinden Flecken meiner Familie. Sie schlummern neben dem «weißen Schwan».

Die Schriftstellerin Priya Basil macht in einem Film über das Humboldt-Forum deutlich, dass die direkte Konfrontation mit kolonialen Vergangenheiten so ernüchternd wie heilsam sein kann.[6] Als *neue Deutsche*, die vor zwanzig Jahren nach Berlin kam, hat sie das umstrittene Kulturforum noch vor der Eröffnung aufgesucht. Der Film beschreibt ihre Auseinandersetzung mit der eurozentrischen Ausrichtung der Institution. Und er macht deutlich, dass nichts verschwindet, nur weil man die Augen davor verschließt. «Ich kann das Humboldt-Forum verlassen, nicht aber die Welt …», sagt sie. Denn am Ende bleiben wir mit ihnen verbunden: mit den Frachtschiffen unserer Handelsgeschichten. Und mit recycelten Preußen-Schlössern, die sich der Welt öffnen wollen. Basils Film wirbt für ein genaues Hinsehen auf diese Verbindungen, auf die schmerzhaften Verflechtungen zwischen Vergangenheit und Gegenwart.

Als sie mir im Frühjahr 2021 ein Exemplar ihres neuen Buches schickte, war ich hingerissen. Sie war der kolonialen Verstrickung ihres Umfelds in einer Umkehrbewegung begegnet und hatte über die Suche nach ihrer feministischen Stimme vor internationaler Kulisse geschrieben. In der zweiten Hälfte des Buches ging es um eine Gruppe von Frauen aus Politik, Wissenschaft und Kultur, die ihr Mut gemacht hatte, über persönliche Fragestellungen nachzudenken und zu schreiben. Ich spürte einen unmittelbaren Bezug zu dem Text, verstand das tröstliche Gefühl, die eigene Arbeit im Kontext einer größeren Gruppe wiederzuerkennen.

Etwa um dieselbe Zeit stellte sich eine neue Kollegin in der NGO vor, für die ich gelegentlich arbeitete. Als Einstieg fürs erste Team-Meeting bat sie uns, von einem Moment zu erzählen, der uns geprägt hatte. Reflexartig kramten wir in Anekdoten-Schubladen nach Musik, Filmen, Büchern und Geschichten, die nicht wehtaten. Aber dann erzählte sie uns eine echte Geschichte aus ihrem Leben.

Sie erzählte, wie sie als junge Frau die deutsche Staatsbürgerschaft beantragt hatte, da sie hier geboren und aufgewachsen war. Jahrelang hatte sie in der Gewissheit gelebt, deutsche Staatsbürgerin zu sein. Doch die Streichung der sogenannten Inlandsklausel hatte sie in eine prekäre Situation gebracht. Nach ihrer Einbürgerung in Deutschland hatte die türkische Regierung ihre Ausbürgerung klammheimlich rückgängig gemacht, wodurch ihr die deutsche Nationalität unwissend abhandenkam. Das Ganze flog auf, als sie eines Tages ein türkisches Visum beantragte und sich wenig später als Asylbewerberin in einer deutschen Ausländer:innenbehörde wiederfand. Ihre Erzählung machte mich sprachlos. Mit dem Rassismus, der zwischen den Zeilen aufschien, konnte ich mich identifizieren. Aber die Willkür der Behörden, die ihr einen kompletten Neuanfang in Deutschland aufgezwungen hatten, offenbarte neue Abgründe.

Einen Monat später fuhren wir zusammen zum Integrationsfachtag nach Märkisch-Oderland. Gemeinsam verließen wir unsere Berliner Blase, in der wir uns über Zugehörigkeiten selten Sorgen machten. Zusammen ließen wir Lesungen, Konferenzen und Gewissheiten zurück und begaben uns ins fremde Brandenburg. Wir trafen S., der sich als unerwarteter Vermittler zwischen Berlin und dem Umland entpuppte. Wir plauderten mit Kioskbesitzer:innen, die zu seinen Klient:-innen zählten, interviewten Ehrenamtliche, die sich seit der Pandemie noch isolierter fühlten als zuvor. Und auf dem Rückweg hatten wir es begriffen: wie sehr wir die 65 Kilometer zwischen *uns* und *ihnen* künstlich mit Distanz aufgeladen hatten.

Kurz vor der Rückfahrt schienen wir das Ticken *ihrer* Uhren fast nicht mehr zu bemerken. Die Strukturmängel, mit denen *sie* in MOL lebten, schienen den unseren überraschend ähnlich. Arbeitskontexte, die nach einer Flexibilität verlangten, die sich bereits in vielen anderen Lebensbereichen erschöpft hatte. Berufliche Umfelder, in denen die Zugangsbeschränkungen nur langsam aufweichten und jede:r blitzschnell nach Chancen greifen musste, wenn sie sich auftaten. Wir kannten die Brüche, die sich durch Familien zogen, wenn junge Menschen aus alten Strukturen ausbrachen. Die Milieu-Sprünge, Ortswechsel und Entfremdungserfahrungen, die damit einhergingen.

Vermutlich war es kein Zufall, dass wir uns auf dieser Reise anfreundeten. Schon auf der Rückfahrt erzählten wir einander viel. Aus der Begegnung mit MOL wurde eine zwischen uns. Ich bemerkte es erst, als wir uns wieder durch den Berliner Verkehr quälten. Dass ich die Fremde neu verortet hatte. Und dabei nicht alleine war.

KAPITEL 5

Freundschaft

The pieces I am,
she gather them and give them back to me in all the right order.

Toni Morrison

Freund:innen, die ich in Berlin kennengelernt habe, sind meinem jüngeren, unaufgeräumten Ich nie begegnet. Mit ihnen verbindet mich erwachsene Wahlverwandtschaft, die mich durch Stadt, Arbeit und Familienleben begleitet.

Als ich H. kennenlernte, zogen wir noch unsortiert durch Hamburger Nachbarschaften. Ich verbrachte zahllose Nächte bei ihr: an Wochenenden, Wochentagen und in den Ferien. Wenn ich am Freitagabend auf der Matte stand und ihre Mutter die Tür öffnete, musste ich nichts sagen. Sie zog mich mit aufgeregtem Schnattern ins Haus und hatte die Gästematratze längst bezogen. Ihre Offenheit galt überwinternden Igeln, den rebellischen Freund:innen ihrer Töchter und der gesamten Nachbarschaft. Jede:r war in ihrem Haus willkommen. Vielleicht, weil sie Fremdheit und fehlende Zugehörigkeit aus erster Hand kannte.

1981 sah ich H. zum ersten Mal im Tanzsaal meiner Ballettschule. Zwischen Raufasertapeten und holzigem Interieur quälte ich mich seit einer Weile mit Tendues und Jetés. Ich ahnte längst, dass Ballerina kein Traumjob war. Aber ich tanzte auf wackeligen Beinen, weil die anderen es auch taten. Eines Tages stand ein neues Mädchen vor mir, und sie versprach Abwechslung. Sie trug ein rosafarbenes Tutu. Doch etwas an ihr schien gegen die Diktatur des Barrens zu rebellieren. An diesem Tag übte ich die Tarantella mit H. Und dieser Nachmittag besiegelte unsere Freundschaft.

Die Anziehung zwischen uns war offensichtlich. Von Beginn an lag etwas Besonderes in unserer Verbindung, das wir erst über die Jahre entschlüsseln lernten. H.s Mutter war in dem kleinen Südstaatenort Selma aufgewachsen, der 1965 durch die Märsche der US-amerikanischen Bürgerrechtsbewegung bekannt geworden war. Mein Vater hatte siebzehn Jahre in Äquatorialguinea gelebt, das 2004 durch einen Umsturzversuch, an dem Mark Thatchers Sohn beteiligt war, kurze Berühmtheit erlangte. Beide waren nach Europa gekommen, um ihr altes Leben hinter sich zu lassen. Beide hatten sich in europäische Partner:innen verliebt und waren geblieben. Als ich 1982 mit H. den Holzschuhtanz beim Ballett einstudierte, wussten unsere Mittänzer:innen vermutlich weder von der einen noch der anderen Fremde.

Auch wir ahnten nicht, wie schwer die historischen Verstrickungen unserer Familien wogen: Einer von H.s Großvätern lebte als bekennender Hitler-Sympathisant in NRW, eine ihrer Großmütter war eine *weiße* Frau aus den US-amerikanischen Südstaaten. Eine meiner Großmütter war eine Farmerin aus Malabo und mein Hamburger Opa ein Kapitän, der die transatlantischen Routen nachfuhr, die ihre Lebensräume seit Jahrhunderten verbanden.

Als Ava DuVernays Film «Selma» 2015 in deutsche Kinos kam, war klar, dass wir ihn uns zusammen ansehen würden. Wir saßen in meinem Lieblingskino am Hackeschen Markt, und nach zehn Minuten musste H. zum ersten Mal heulen. Bis zum Ende des Films schluchzte sie in regelmäßigen Abständen. An der Kinobar erzählte sie mir aufgelöst von der Schwarzen Haushälterin ihrer Großmutter. Sie war eine enge Vertraute gewesen, und doch hatte sie nach 40 gemeinsamen Jahren noch immer nicht zusammen mit ihr an einem Tisch essen dürfen. Wir beide wussten um die perfide Realität, die der Film nachzeichnete. Doch vor allem meine *weiße* Freundin ächzte, nachdem ihr die Absurdität des Rassismus großformatig um die Ohren geflogen war.

Es war nicht das kollektive Unbehagen anderer Kinogänger:innen, dem sie sich anschloss. Es war das persönliche Wissen um eine Geschichte, in die ihre Mutter und Großmutter verstrickt waren. Natürlich konnte sie nichts dafür, dass ihre Verwandtschaft aus einer Stadt kam, in der *weiße* Menschen noch bis vor kurzem die Straßenseite gewechselt hatten, wenn ihnen Schwarze Menschen entgegenkamen. Doch in die Wucht der filmischen Erzählung mischte sich ein undefinierbares Gefühl der Scham. Mittlerweile spekuliert sie, dass Essie und ihre Großmutter am Ende doch heimlich zusammen gegessen haben.

Bis zu ihrem Tod bewahrte die Großmutter rassistische Memorabilia in der Wohnzimmervitrine auf. Seit den Märschen von Selma nach Montgomery hatte sich für Schwarze Menschen in den USA erschütternd wenig geändert. Bis heute würde man H.s und meine Freundschaft dort wohl mit dem ungenauen Begriff *interracial* umschreiben. In Deutschland dagegen entwickelte sie sich in historischer Stille. Als wir uns 1981 anfreundeten, vermittelte die deutsche Erinnerungskultur vielen ein Gefühl des Zusammenhalts. Offene Gespräche über die NS-Zeit fanden in den meisten Familien zwar kaum statt. Versklavung und Kolonisierung aber waren auch öffentlich kein Thema. Unsere Freundschaft entstand zu einer Zeit, in der manche Schrecken der Vergangenheit bereits benannt wurden – andere aber noch lange nicht.

Hätte es mehr Schwarze Mädchen in meinem Umfeld gegeben, vielleicht hätte ich mich mit ihnen angefreundet. Wir hätten Erfahrungen ausgetauscht und uns manchmal vielleicht weniger allein gefühlt. Stattdessen hatte ich H., mit der ich Reibung und Nähe zugleich übte: Verstanden- und Hinterfragtwerden, Konkurrenz und Wahlfamiliendasein, Trennungen und Wiederbegegnungen. Von Anfang an teilten wir das Geheimnis, dass die Welt größer war, als sie von Volksdorf aus schien. Und so mündete unsere Freundschaft nie in ein klebriges «unzertrennlich».

Freundschaften wie unsere sind das rettende Mauseloch, in das ich mich verkrieche, wenn der Rest der Welt sich hartleibig gegenüber meinen vielen Identitäten gibt. Sie sind der Ort, an dem die Masken, die ich mir für den täglichen Sprint durch den Zuschreibungs-Dschungel zugelegt habe, unnötig werden. *Safer Spaces*, in denen die Bedingungen des Miteinanders verhandelbar bleiben.

Die US-amerikanischen Autorinnen Aminatou Sow und Ann Friedman schreiben in einem gemeinsamen Buch über eine ganz ähnliche Freundschaft.[1] Auch bei ihnen geht es um die sensiblen Aspekte ihrer Beziehung. Um das komplexe kulturelle Gefüge, in das sie eingebettet ist – den US-amerikanischen Kontext, wo das Thema *Race* ganz selbstverständlich ein eigenes Kapitel erhält.

Auch diese beiden Frauen wissen um die Momente, in denen ihre Freundschaft politisch wird und sie an die Grenzen ihrer jeweiligen Erfahrungen stoßen. Etwa, wenn die eine sich auf Theorieebene mit dem Thema Rassismus beschäftigt, während die andere ihn täglich erlebt. Wenn sie ihren Berufsalltag vergleichen, in dem für sie beide nicht dieselben Regeln gelten. Oder wenn Sow bei Geburtstagen die einzige Schwarze Person im Raum bleibt.

Ihre Erzählung ist aufschlussreich, und doch sträube ich mich gegen den Begriff, mit dem sie ihre Freundschaft beschreiben. Bei allen kulturellen Implikationen pocht das Wort *interracial* mir zu sehr auf die Existenz vermeintlicher *Menschenrassen*. Davon abgesehen kann ich die US-amerikanische Erfahrung ohnehin nicht auf mein Leben übertragen. In meiner Kindheit gab es kaum Chancen, sich *interracially* zu begegnen. Außer mir gab es ein einziges weiteres Schwarzes Mädchen in der Nachbarschaft. Wir lernten uns kurz vor dem Abitur kennen, und wer uns zusammen sah, hielt uns für Schwestern. In Ermangelung wahrnehmbarer Diversität hatte ich in Hamburg fast nur *weiße* Freund:innen. Genauere Bezeichnungen drängten sich für unsere Verbindungen nicht auf.

Isolation und Einsamkeit ziehen sich durch die Geschichten vieler afrodeutscher Menschen. Nicht nur in meiner Generation schlugen Schwarze Kinder sich mit der Fremdheit, die ihnen zugeschrieben wurde, oft alleine herum. Wahrscheinlich ist das einer der Gründe, weswegen der Blick Schwarzer Deutscher lange sehnsuchtsvoll in die USA – oder nach Großbritannien – schweifte. Dorthin, wo das Trauma rassistischer Unterdrückung zwar allgegenwärtig ist. Wo sich die Selbstverständlichkeit von Schwarzer Gemeinschaft aber eben auch mit gemeinsamer Erfahrung verknüpft. Wo akademisch und stellenweise auch gesellschaftlich längst ein differenzierterer Umgang mit Schwarzsein stattfindet.

Der britische Soziologe und Historiker Paul Gilroy nennt den Raum, in dem sich all diese Erfahrungen begegnen, den *Black Atlantic*.[2] Er beschreibt die Verbindungen von hybriden diasporischen Kulturen, die über Jahrhunderte zwischen Europa, den Amerikas und Afrika entstanden sind, hinterfragt traditionelle Vorstellungen von Homogenität. Seine Theorien reflektieren, dass aus dem Ringen um Identität und Zugehörigkeit neue Kulturen entstanden sind. Und vielleicht erkenne ich in seinen Worten sogar die transatlantischen Verbindungen, die sich in meiner Freundschaft mit H. spiegeln.

So deutlich ich die Besonderheit unserer Verbindung heute wahrnehme, so verschwommen war sie, als wir noch in Hamburg lebten. Auseinandersetzungen mit vielfältiger Identität kamen in Volksdorf eher schleppend in Gang. Und so floh ich gedanklich oft in tolerantere, fiktive Welten. Die Puppen der Sesamstraße etwa schienen in Sachen Diversität auf Zack. Zum Thema Freundschaft gab es bei Grobi und Krümelmonster viel zu lernen, am allermeisten natürlich bei Ernie und Bert. Die beiden größten Charakterköpfe aus dem Sesamstraßen-Kiez stritten sich mit liebevollem Ehrgeiz durchs gemeinsame Leben und rauften sich am Ende doch immer wieder zusammen. Sie waren ein Musterbeispiel für Toleranz und Nachsicht. Doch ihre Beziehung schien einige zu irritieren.

Vor etwa vier Jahren verbreitete sich eine Nachricht in den internationalen Medien: Der Sesamstraßen-Autor Mark Saltzmann hatte bestätigt, was viele längst vermuteten – Ernie und Bert waren schwul! Er habe das beim Schreiben stets angenommen. Die öffentliche Freude über das Coming-Out war groß, doch sie war nicht von Dauer. «Beziehungsstatus: kompliziert» titelte bald eine Publikation. Denn nur wenige Tage später schaltete sich die Sesamstaße ein und dementierte. Via Twitter wurde verkündet, dass die beiden nur «gute Freunde» seien. Saltzmann relativierte seinen Kommentar, und es wurde klargestellt, dass die Puppen keine sexuellen Identitäten hatten. Offenbar lag dem Sesame Workshop, der die Sendung produzierte, viel an der Unterscheidung zwischen Liebe und Freundschaft.

Hätte Şeyda Kurts Abhandlung zum Thema bereits 2018 in den Buchhandlungen gelegen, vielleicht wäre die Diskussion anders verlaufen. Doch ihre Idee der «Radikalen Zärtlichkeit» wurde erst zwei Jahre später ein Begriff.

Im gleichnamigen Buch beschreibt Kurt ihre Gedanken zu fluiden Beziehungen. Sie schreibt über eine Gesellschaft, in der Vorstellungen des Zusammenlebens aufgebrochen werden. Über ein Umfeld, in dem auch die über fünfzigjährige Liebe von Ernie und Bert keine eindeutigen Labels mehr bräuchte. Denn sie umreißt die Frage, warum romantische und freundschaftliche Liebe noch immer so sehr in Konkurrenz zueinander stehen. Warum Freundschaften vor Familienstrukturen bis heute den Kürzeren ziehen.

Viele Deutsche, schreibt sie, feierten das erste kritische Weihnachtsfest während der Pandemie ohne die älteren Mitglieder ihrer «Stammbaum-Familien». Doch mit Wahlfamilien – Freund:innen, die einen den Rest des Jahres über eng begleiteten – sollten wir eigentlich auch nicht feiern. Ende 2020 hatte die Regierung den Menschen in Deutschland nahegelegt, an Weihnachten besser nur im «engsten» Familienkreis zusammenzukommen. Mit nahen Verwandten oder in Lebensgemeinschaften, die den konventionellen Vorstellungen der Zusammengehörigkeit entsprachen. Für Freund:innen schien in Zeiten der Pandemieabwehr kein Platz zu bleiben.

Was bedeutete diese Einstellung für all jene, die nicht in konventionellen Strukturen aufgehoben waren? Hätte man ihnen nicht signalisieren müssen, dass ihr Bedürfnis nach Nähe ebenso viel zählte wie das aller Anderen?

Aber dann hätte man sich eben auch mit einer Gesellschaft der fließenden Übergänge auseinandersetzen müssen. Mit der Tatsache, dass die heilige Kleinfamilie längst nicht mehr den Lebenstraum aller beschreibt. Gerade in Zeiten der Isolation wäre es vermutlich hilfreich gewesen, sich einzugestehen, wie wichtig die Akzeptanz unterschiedlichster Beziehungsformen ist. Dass wir angesichts politischer und gesellschaftlicher Spaltungen *mehr* Raum brauchen, um auszuprobieren, in welchen Konstellationen und Gemeinschaften wir leben wollen. Dass sich die notwendige Solidarität, die es in einer Gesellschaft der Vielen bräuchte, vielleicht auch im wechselhaften Wesen der Freundschaft zeigt – im Risiko, sich immer wieder neu einzulassen.

Ohne den sozialen Übungsraum mit echten und imaginierten Freund:-innen hätte ich mich in Kindertagen wohl oft verloren gefühlt. Nicht immer half es zu wissen, dass die Berts dieser Welt den Ernies das nächtliche Schlagzeugspiel verziehen und die Ernies über das pathologische Büroklammer-Sammeln ihrer Berts hinwegsahen. Nicht immer gelang es, im Dickicht von Cliquengewirr und Anpassungsdruck echte Verbindungen auszumachen. Doch was ich zwischen Torremolinos und Volksdorf erlebte, formte sich zu einer fragilen Gewissheit: Ich sah mit eigenen Augen, wie flexibel Menschen einander begegnen konnten und dass die unterschiedlichsten Beziehungskonstellationen möglich waren.

Als H. und ich unsere erste gemeinsame Reise unternahmen, waren wir sechzehn. Von Hamburg fuhren wir mit dem Schiff nach Harwich und dann weiter nach London. Unsere Eltern schickten uns zu einem Onkel von H., der in der südlichen Vorstadt lebte, und überließen uns seiner Obhut. Streatham Hill war eine in desillusionierendes Grau getränkte Gegend, von der aus die Megacity sich langsam ins Provinzielle verfranzte. Kate Moss war in der Nähe aufgewachsen, was aus meiner Sicht ein Pluspunkt war. Ansonsten reihten sich Wettbüros an kleinere Bars an Drogerien und weitere Wettbüros. H.s Onkel frequentierte diese Büros in ungesunder Regelmäßigkeit. Wir erfuhren Bruchstücke aus seiner zerrissenen Biografie. Wir wussten, dass er in Indien geboren und aufgewachsen war und ähnlich misstrauisch auf die ehemalige Kolonialmacht blickte wie mein Vater in Spanien. Von seiner Wohnung näherten wir uns der fremden Stadt durch die Hintertür. Wir wandelten abseits touristischer Pfade und knüpften an ein Familienleben an, das Landesgrenzen bestmöglich ignorierte.

Meine letzte Fahrt von Streatham Hill ins Zentrum liegt nur ein paar Jahre zurück. Ich weiß noch, wie die kleinen Reihenhäuser, die an der Bahnstrecke stehen, an mir vorbeizogen und die architektonische Uniformität kurz vor London Bridge mich gedanklich nach Volksdorf versetzte.

Auch im viktorianischen England hatte man auf Reihenhauslogik gesetzt. Wobei die Häuser dort viel verspielter wirkten als in meiner alten Straße. In die Jahre gekommen, spiegelten sie mit letzter Anstrengung den Pomp des alten Empires. Sie hatten sich einer Gegenwart ergeben, in der neue bunte Häuschen dazugekommen waren. Schienen sich der zeitgenössischen gesellschatflichen Vielfalt anzupassen. Doch selbst hinter schnörkellosen Volksdorfer Fassaden verschoben sich die Perspektiven. Die Zeit, in der sich meine Freundschaften im Schatten enger Gesellschaftskonventionen entwickelt hatten, waren vorüber. Nur im Vorbeigehen denke ich gelegentlich noch an die zurückhaltende Willkommenskultur in manchen Haushalten.

In diesen Haushalten galt ich als unberechenbar. Als Tochter eines Schwarzen Ferienvaters schien ich einfach nicht dafür gemacht, mich in ihre Strukturen einzufügen. Egal, was ich beim Abendessen, Malefiz-Spiel oder Croquet im Garten sagte: Meist war es falsch. Doch an Tagen, an denen das Nichtdazugehören erdrückend schien, klammerte ich mich erst recht an das Leben von Freund:innen, deren Eltern Tupperpartys schmissen, Silber polierten und klare Regeln für alles hatten.

Wenn ich in pubertären Jahren auf meiner Meinung, meiner Lautstärke, meinen Erfahrungen beharrte, rutschte die Stimmung schnell auf den Gefrierpunkt. Wenn es zu schlimm wurde, verdrückte ich mich und suchte dort Verständnis, wo Konventionen verhandelbar schienen. Dort, wo die Familien von Freund:innen sich mit der eigenen Komplexität abmühten.

H.s deutsche Großmutter kam aus Siebenbürgen, ihre Verwandten wurden bis in die 1980er Jahre sukzessive freigekauft. Einer ihrer Großväter kam aus Bessarabien und gelangte auf verschlungenen Wegen nach Nordrhein-Westfalen. Eine ihrer Urgroßmütter lebte in den USA, kam aber ursprünglich aus Wales; anscheinend gab es ein walisisches Schloss, das lange im Familienbesitz gewesen war. Das

Wappen hängt heute bei meiner Freundin im Flur – allerdings vermutet sie, die Oma habe es sich selbst ausgedacht.

Wahrscheinlich schlummert in jeder Familie spekulatives Potenzial. Eines meiner liebsten Fantasieszenarien ist die Begegnung meiner Großmütter. Hätte die guineische Verwandtschaft es je nach Torremolinos geschafft, hätten sie sich Mitte der 1970er Jahre treffen können. Ich sehe sie vor mir, wie sie im Sommer die Strandpromenade hinunterlaufen. Wie sie sich zusammen über junge Tourist:innen aufregen, die ihre Zeit mit «hedonistischem Unsinn» verbringen und erst mittags aus den Betten kommen. Vielleicht hätten sie sich in Zankpatiencen verbissen oder über ihre Männer gelästert. Sicher hätten sie in den Kneipen nie eine Pesete zu viel gezahlt. Und wahrscheinlich hätten sie die fast aufdringliche Fremdheit zwischen sich mit zwei bis drei Schnäpsen weggespült. Zwei Frauen, die sich durch Kriege und Kolonialismus laviert hatten, ihr Leben zwanghaft autonom bestritten und in ihren Familien doch in erster Linie als schwierig galten. Vielleicht wären sie Freundinnen geworden.

Im Überwinden von Fremdheit steckt ein essenzieller Aspekt der Freundschaft. In der Akzeptanz des Anderen, des Ungewohnten, des Herausfordernden. Vielleicht wären meine Großmütter sich in einer grenzüberschreitenden Freundschaftslogik begegnet, in der Zuneigung und Respekt die entscheidende Rolle vor Herkunft und Status gespielt hätten. Doch vermutlich wären ihre Differenzen nicht immer einträchtig nebeneinander her promeniert. Wahrscheinlich hätten sie sich über die Erziehung der Enkeltochter gestritten. Über die Zukunft der Kinder. Hätte Konsens sie überhaupt interessiert?

In Literatur und Film wird der Begriff Freundschaft zuweilen als Phänomen verklärt, das über soziale, ökonomische und kulturelle Unterschiede erhaben ist. Ein Ansatz, der fast im direkten Gegensatz zu dem steht, was Aminatou Sow und Ann Friedman in «Big Friendship» beschreiben. Ihr Buch erzählt von den spezifischen Herausforderungen ihres Verhältnisses. Von kontinuierlicher Reibung und Auseinandersetzung. Begriffe wie «beste Freundin» erschöpften sich aus ihrer Sicht in Ausschließlichkeit und beschrieben nicht «die erwachsene emotionale Arbeit», die sie in ihre Beziehung investiert haben.

Ihr Text erweitert gegenwärtige Debatten um Identität, denn er beleuchtet die Vielschichtigkeit von Freundschaft. Er suggeriert, dass Freundschaft sich als Ausdruck eines vielstimmigen Ichs lesen lässt. Als Fähigkeit, in gänzlich unterschiedlichen Beziehungen der eigenen, inneren Vielfalt zu begegnen.

Mein Vater flucht über seinen ältesten Freund, seitdem ich denken kann. Er regt sich über dessen patriarchales Gebaren gegenüber Frau und Kindern auf, über die starre Haltung gegenüber Europa, seine Klugscheißerei. Doch wir beide wissen, dass er die vergangenen Jahrzehnte ohne ihn kaum überstanden hätte. Im Arbeitszimmer seines Freundes hängen Masken an den Wänden, Bücher über politische Korruption liegen auf dem Boden. Die alte Heimat springt einen gleich hinter der Wohnungstür an. Fotos von Verwandten pflastern die Wände in jedem Zimmer, ein Bild der Mutter, mit Goldkreolen und 60er-Jahre-Afro, steht im Regal neben dem Klavier. Auf dem geöffneten Laptop blinkt fast immer eine Facebook-Seite mit News aus Malabo. Meist strömt aus der Küche der Duft von Gerichten, die mein Vater aus der Kindheit kennt. Das Festhalten an Äquatorialguinea steht im Haus seines Freundes so sehr im Mittelpunkt, wie es in den temporären Unterkünften meines Vaters flüchtig bleibt. Sie sind einander Verbindung und Abgrenzung zur alten Heimat.

Bei den «Pfadfindern» in Malabo – einem militärischen Jugendtraining – haben sie sich kennengelernt. Nachdem sie sich aus den Augen verloren hatten, trafen sie sich in einem Club an der Costa del Sol wieder. Mein Vater stand als Barmann hinterm Tresen, sein Freund aus Kindertagen als angehender Lehrer davor. Normalerweise trieb er sich nicht in Clubs herum, ein Zufall hatte ihn an diesem Abend zu meinem Vater geführt. Er blieb auf einen Milchshake oder zwei und verweigert seit Jahrzehnten hartnäckig den Alkohol, den mein Vater ihm anbietet. Sie sind einander Familie im authentischsten Sinne.

Es ist völlig klar, wer in dieser Freundschaft Ernie und wer Bert ist. Aktuell greift die Sesamstraßen-Magie bei ihnen nicht, sie gehen einander aus dem Weg. Doch sie bleiben Verbündete und Vertraute. Ihre diffuse Sehnsucht nach Äquatorialguinea trägt ihre Freundschaft ebenso wie die Gewissheit, sich im noch immer etwas fremden Europa gemeinsam behaupten zu können.

Solidarität, schreibt die Soziologin Sabine Hark, orientiere sich aktuell vor allem an der Frage von Differenz und Zugehörigkeit. Sie entfalte sich im Vermitteln zwischen Welten. Im Versuch, Verschiedenheit zu *ertragen,* und in der ständigen Auseinandersetzung mit diversen Lebenswünschen und -möglichkeiten. In «Gemeinschaft der Ungewählten» geht es um nicht weniger als die Fragen, wie unterschiedlich *wir* «wohnen und arbeiten, konsumieren und uns fortbewegen. Wer sich wo ansiedeln kann, wer Zugang zu welcher Infrastruktur hat [...] Wie wir uns zueinander und füreinander in Beziehung setzen, wie wir für den Planeten, mit dem wir leben, und für die Arten, mit denen wir ihn uns teilen, sorgen. Woran wir glauben, wofür wir politisch streiten und wen wir wertschätzen. Wie und wovon wir wissen wollen und welches Wissen wir teilen. Wen und was wir für normal und schützenswert halten und wie wir leben, lieben und sterben wollen.»[3]

In meinem Freund:innenkreis teilen heute viele die transnationale Erfahrung. Sie haben Eltern aus den USA, Ägypten oder dem Irak. Sie kennen das Reisen zu fernen Familien, ein Leben mit mehreren Sprachen, Verwandte, deren Kulturen in deutscher Umgebung anecken. Aber auch Freund:innen mit Familiengeschichten, die über Generationen mit dem Ruhrpott oder der Nordsee verbunden sind, teilen das ausgeprägte Gefühl, sich in der Dominanzgesellschaft fremd zu fühlen. Ich glaube, dass wir uns nicht zufällig angefreundet haben. Sondern dass ein flexibles Verständnis von Zugehörigkeit uns im Sandkasten, beim Ballettunterricht, in der Schule oder auf Pressereisen zueinandergeführt hat.

Als C. und ich uns zu Schulzeiten begegneten, probierten wir es gerade mit dem Christentum. Die Ausgangsbedingungen waren hervorragend: Unsere Kirche war ein wunderschöner alter Bau in dörflicher Umgebung. Einer der Pastoren praktizierte Nächstenliebe mit hochgekrempelten Ärmeln in Südamerika, wenn er nicht gerade in Hamburg weilte. Und diejenigen, deren Eltern es bislang versäumt hatten, wurden nachträglich in der Nordsee getauft. Wenn man als Teenager auf eine Verbindung zu Gott hoffte, dann war dies die angemessene Kulisse. Doch der Funke sprang nicht über – bei den meisten nicht.

Die Pastoren aus der Familie meines Großvaters hatten menschlich Eindruck bei mir hinterlassen. Doch sie hatten mich nicht von der Existenz eines christlichen Gottes überzeugt. Aus den wenigsten Kindern machte der Eintritt ins Kirchenleben Gläubige. Unsere Gemeinschaft fand in einer Jugendgruppe statt, in der wir uns nach dem Vaterunser trafen. Die jungen Erwachsenen, die sie leiteten, waren Kinder der 68er-Generation und hatten jenseits von Glaubensfragen ein Gespür für die Themen, die uns umtrieben. Sie fanden die richtigen Worte, die richtigen Lieder, die richtigen Spiele – und manche Freundschaften, die dadurch entstanden, überstanden den Sprung bis ins Erwachsenenalter.

Jenseits dieser kleinen Gemeinschaft lebten C. und ich in unterschiedlichen Welten. Während manche meiner Mitschüler:innen sich in privilegierter Rebellion gegen bildungsbürgerliche Familien und die elitäre Leistungsarena des Dorf-Gymnasiums auflehnten, kämpfte C. um das Privileg ihrer Bildung. Skeptisch hatten sich die Eltern auf ihr Realschulleben eingestellt, denn ihr eigener Hauptschulabschluss war kein Maßstab für die intellektuelle Neugier der Tochter. In der zehnten Klasse war C. noch immer heillos unterfordert. Und so blieben ihre guten Noten zu Hause Grund zur Freude wie zur Sorge. Der Bildungsaufstieg schien kaum noch abwendbar.

Bei mir kam der Argwohn aus anderer Richtung. Meine guten Noten irritierten vor allem die Eltern anderer Kinder. Hatten sie zu Grundschulzeiten noch entzückt, wirkten sie in späteren Jahren gelegentlich irritierend. Vor allem dann, wenn die Leistung vom eigenen Nachwuchs zu wünschen übrig ließ, schien meine nicht mehr gerechtfertigt. Die mittelmäßigen Zeugnisse, die ich in aufreibenden Teenager-Jahren bekam, wirkten da schon angemessener.

Das Fremdeln mit meinen lichteren intellektuellen Momenten war ein externes und strukturelles. Die Klugheit und der Fleiß meiner Freundin waren Teil eines familiären Konflikts. Und irgendwo, im intersektionalen Vorhof zur Bildungshölle, trafen wir uns.

Als sie in der zehnten Klasse beschloss, das Abitur am Aufbaugymnasium nachzuholen, begann ein zähes Ringen. Stolz und Angst bündelten sich auf Seiten ihrer Eltern, und in einem emotionalen Kraftakt setzte C. sich durch. Die mögliche Entfremdung, die im Bildungsaufstieg steckte, trieb sie lange um. Bis heute balanciert sie in antrainierter Gelassenheit auf den Grenzmarkierungen sozialer Räume.

Seit ein paar Jahren leben wir in derselben Straße. In ähnlichen Wohnstrukturen, mit akademischen Berufen. Beide schleppen wir noch immer das leise Misstrauen mit uns herum, dass man uns intellektuell nicht ernst nehmen könne. Die Fähigkeit des Weltenwandelns gilt bis heute nicht als nennenswerte Qualität. Also genießen wir es im Stillen: uns aus unterschiedlichsten Perspektiven mit der Welt zu verbinden.

In «Why We Matter» bringt die Politologin Emilia Roig das In-Beziehung-Treten mit «fremden Wesen» auf den Punkt. Ihr Buch beginnt mit der Beobachtung, wie sie selbst kleinsten Lebensformen nahe kommt. Zunächst beobachtet Roig die Stubenfliege in ihrer Küche argwöhnisch, entscheidet sich dann aber dagegen, sie nach draußen zu scheuchen. Irgendwann hat sie sich an das Insekt gewöhnt, ihm am Ende sogar einen Namen gegeben. Unnötig zu sagen, dass etwas fehlt, als Nina weg ist.

Was als flüchtiges Zusammentreffen beginnt, wird zur kurzen anthropomorphisierten Freundschaft. Ähnlich wie Sigrid Nunez über die wunderbare Begegnung mit einer Dogge schreibt, erzählt Roig über die unerwartete Nähe zu Nina. Zwei Zufallsbekanntschaften, die von der Sehnsucht nach Verbindung erzählen.

In Romanen wie Raven Leilanis «Hitze» setzt sich das Thema auf menschlicher Ebene fort. In ihrer Geschichte werden zwei Frauen vom leisen Glück der Begegnung überrumpelt. Sie spielt in New York und beginnt mit der Affäre zwischen einer jungen Schwarzen Künstlerin und einem älteren *weißen* Archivar. Was zunächst als Gegenüberstellung zweier gänzlich unterschiedlicher Lebenswelten erscheint, bricht auf, als die Ehefrau die Bühne betritt. Aus dramaturgischen Gründen lernen Gattin und Geliebte sich eines Tages kennen. Jedoch nicht, um einen dramatischen Showdown einzuleiten, in dem der Mann sich entscheiden muss. Er spielt ab der Hälfte des Buches kaum noch eine Rolle.

Vielmehr entdecken die Frauen, die in einem irrsinnigen Plot zum temporären Zusammenleben gezwungen werden, leises Interesse aneinander. Ihre Beziehung wird zunächst von Misstrauen, Fremdeln und Vorurteilen bestimmt. Doch überraschende Gemeinsamkeiten bringen sie einander näher. Die Skepsis voreinander hebeln sie nicht aus; doch es entsteht ein Respekt, der nur in radikal flexiblen Denkräumen gedeiht. Die Autorin lässt offen, ob sich die Beziehung der beiden weiterentwickelt. Doch man ahnt, dass in ihrer vorsichtigen Offenheit Potenzial steckt. Dass die Begegnung in eine jener langjährigen Freundschaften münden könnte, die durch den Alltag tragen.

In einem Spiegel-Interview thematisiert der Psychotherapeut Wolfgang Krüger Freundschaften dieser Art. Selbst den innigsten dieser Beziehungen bescheinigt er im Durchschnitt eine Haltbarkeit von 30 Jahren. H.s und meine Freundschaft hat ihren Zenit damit längst überschritten, C. und ich kratzen bereits am Verfallsdatum. Auch Freundschaften, die in Berlin entstanden sind, hätten nicht mehr lange. Sind sie nun alle Gefahr?

Oder profitieren wir hier ausnahmsweise von jener Flexibilität, die uns an anderen Stellen abverlangt wird? Ist es die antrainierte soziale Wendigkeit, die es meinen Freund:innen und mir ermöglicht, uns über Jahrzehnte aufeinander einzulassen? Hilft sie dabei, leidlich geschmeidig, mit den größeren Einschnitten im Leben der Anderen umzugehen? Mit Partnerschaften, Berufen und Familienmodellen, die Raum einnehmen? Mit Freundschaftsverhandlungen, die sich über Kontinente erstrecken?

Für ein paar Jahre lebten A. und ich im selben Haus. In den ersten Monaten winkten wir uns im Treppenhaus zu, in den folgenden schoben wir uns mit schwangeren Bäuchen aneinander vorbei. Erst nach der Geburt unserer Kinder begegneten wir uns wirklich. Diese Begegnung fand vor etwa fünfzehn Jahren statt, in einem alten Haus am Weinbergspark. Damals deuteten die Mieten den aufkommenden Irrsinn des Wohnungsmarktes erst an. Doch das Viertel war längst so begehrt, dass es Menschen aus aller Welt anzog. Die beiden Männer, die im unteren Stockwerk zusammenlebten, kamen aus Israel und Spanien. Nachbar:innen aus den oberen Etagen hatten Familien in Indien und Schweden. A. und ihr Mann waren vor Jahren aus Japan hergezogen.

Wir waren geradezu absurd international. Und doch war offensichtlich, dass in unserer Hausgemeinschaft viele Menschen fehlten, die bei Wohnungsbesichtigungen und -vergaben meist den Kürzeren zogen. Wir alle bewegten uns routiniert auf internationalem Terrain. Lebten bei aller Freiberuflichkeit und trotz langer Arbeitstage ein privilegiertes Leben. Unsere Unterschiede begegneten sich vor hyperurbaner Kulisse, konträre Meinungen verhandelten wir bei gemeinsamen Abendessen. Auf leisen Sohlen war mir die Internationalität, die ich aus Kinder- und Studientagen kannte, bis ins Erwachsenenleben gefolgt. Auch am Weinbergspark lebten wir in einer internationalen Blase. An die zehn Sprachen wurden in unserem Haus gesprochen, doch der Sprache zwischen A. und mir lauschte ich am liebsten.

Quasi aus dem Nichts waren wir zur Elternselbsthilfegruppe und zum *Odd Couple* unseres Hauses geworden. Ich rückte ihrer zurückhaltenden Art energisch auf die Pelle. Und sie hielt sich meine großen Emotionen mit freundlicher Bestimmtheit vom Leib. Nachdem sie eines Nachmittags auf dem Spielplatz in Tränen ausgebrochen war, weil der Alltag sie anstrengte, schrieb sie mir einen langen Entschuldigungsbrief. Kurz darauf stand ich vor ihrer Tür und polterte ihr mit offenen Armen entgegen. Auf den ersten und zweiten Blick schien die Diskrepanz unserer Charaktere ausgemacht. Doch in ihrer Zurückhaltung lag so viel Offenheit wie in meinem energischen Auftreten Verschlossenheit.

In den folgenden vier Jahren lernten wir all das aneinander kennen. Wir lernten beim Kochen, in Gesprächen, im Vorbeigehen, dass wir ein gänzlich unterschiedliches Verhältnis zur Welt pflegten. Dass wir weder Arbeitsmoral noch übereinstimmende Vorstellungen über die Erziehung unserer Kinder teilten. Wo ich mit meinen in die Auseinandersetzung ging, brachte sie eine Engelsgeduld auf. Wo ich Laufrädern ängstlich hinterherstürmte, weil sie auf den Teich im Park zusteuerten, blieb sie stur sitzen. Sie hatte ein unumstößliches Vertrauen ins Schicksal. Als sie ein paar Jahre später zurück nach Tokio zog, hinterließ sie mir ein in Glas eingefasstes vierblättriges Kleeblatt und einen kleinen Kreisel – Gelassenheit im Spielzeugformat.

Vor ein paar Monaten haben wir gezoomt. Durch Zahnlücken grinsten unsere Söhne sich an. Sie wussten beide noch genau, dass sie die ersten Jahre ihres Lebens eng befreundet gewesen waren. In der Zwischenzeit war ihnen die gemeinsame Sprache abhandengekommen. Und so hielten sie Comics und Videospiele in die Kamera und nickten sich bei jedem neuen Objekt zustimmend zu.

Wochen später las ich bei meiner Zahnärztin einen Artikel über *Mütter-Freundschaften*. «Wer passt zu Dir?» war die Frage, die man anhand von zehn «Mutter-Typen» für sich beantworten sollte. Zur Auswahl standen unter anderem: die Mary Poppins, die Hygiene-Fanatikerin, die Social-Media-Queen und die Bio-Hipster-Mum. Die «Beste» zeichnete sich schließlich durch einen ähnlichen Sinn für Humor und Erziehungsfragen aus und dadurch, dass sie zum Playdate bereits die Flasche Wein mitbrachte.

Ich persönlich hätte nichts gegen Spielplatznachmittage unter Alkoholeinfluss gehabt. Aber A. machte sich nichts aus Wein, weshalb er für uns keine Option war. Auch war unser Humor nicht immer kompatibel, und in Erziehungsfragen waren wir uns, wie gesagt, kaum einig. Unsere Zuneigung verweigerte sich der Gleichschaltung so vehement, dass wir uns irgendwann fügten. Fürsorglich nahmen wir das Unverständnis an, das an manchen Tagen bockig zwischen uns stand.

Die Verbundenheit von damals klingt noch immer aus jeder ihrer Textnachrichten. Doch die Fürsorge, die einst selbstverständlicher Teil unserer Freundschaft war, hat sich in der digitalen Distanz verflüchtigt. Die Nähe, die sich bei gemeinsamen Kinderwagenausflügen und chaotischen Abendessen einstellte, hat sich in neblige Nostalgie verwandelt. Aber braucht Fürsorge überhaupt den gemeinsamen Alltag? Was verstehen wir dieser Tage unter dem Begriff? Und wie sieht der Kreis jener Nächsten aus, die uns umsorgen könnten?

Soziolog:innen sprechen von einer Sozialform im Wandel: der Auflösung traditioneller Lebensformen und der Hinwendung zu Menschen jenseits der klassischen Verwandtschaft. Schon aufgrund sinkender Geburtenraten und schrumpfender Familien nehmen Freundschaften heute einen größeren Stellenwert im Alltag ein. Aber greift in Freundschaften dasselbe Gefühl der Verpflichtung wie in sogenannten Primärfamilien, der Fürsorge in letzter Konsequenz nachzukommen? Wie viele Menschen pflegen die hilfsbedürftige beste Freundin, vererben einander Geld? Wie viele ziehen im Alter für alternative Wohnkonzepte zusammen? Wo erschöpft sich die Freundschaft?

Der Soziologe Janosch Schobin schreibt, dass sich unsere Wahrnehmung von Freundschaft immer weiter verschiebt.[4] Und vielleicht erweist sie sich bei allen Herausforderungen ja tatsächlich schon als Alternative zum Konstrukt familiärer Bindung. Vielleicht ist die Zärtlichkeit, von der Şeyda Kurt schreibt, eine, die Kategorien langfristig auflösen und ein Verständnis von Solidarität erweitern kann.

«Die Welt wird nicht allein dadurch besser, dass ich in meinem nächsten Umfeld faire und zärtliche Beziehungen führe», schreibt sie. «Es muss um Solidarität mit anderen Menschen gehen, die über meine Partner:innen oder Freund:innenschaft hinausgeht.»

Bedauerlicherweise haben uns die vergangenen Jahre in Sachen Begegnung nicht gerade nach vorne gebracht. In ständiger Sorge vor Covid-Infektionen sind viele Menschen sich seit 2020 so lange und entschlossen aus dem Weg gegangen, dass Zusammensein im Sommer nun stets neu erlernt werden muss. Bücher und Filme berichten davon, wie das Gefühl für Nähe und Verbundenheit abhanden kam. Eine Studie bestätigt, dass zwei Drittel von 30 000 Befragten aus sechzehn Ländern sich seit Corona einsamer fühlen als zuvor.[5]

In Einzelfällen haben stabile Zweier-Freundschaften sich in der Krise verstärkt, attestiert der Bericht. Doch das Erlebnis, sich durch größere gemeinschaftliche Erfahrung, durch das Aushalten von Differenz mit der Welt zu verbinden, lag lange brach. Und so werden wir uns wieder aneinander herantasten müssen: in Nachbarschaften, Sportvereinen, auf wilden Feiern und leisen Demonstrationen. Im Seminarraum, auf dem Fußballplatz, in der Suppenküche und im Gemeinschaftsgarten. Durch Freundschaftsnetze und Arbeitskollektive.

Die US-amerikanische Kuratorin Taylor Renee Aldridge beschreibt in einem Essay über Gemeinschaft die Schwierigkeiten, mit denen sie als Schwarze Frau im Kunstbetrieb konfrontiert ist.[6] Sie umreißt gegenwärtige Spielarten des «Double Consciousness», durch das sie sich als Schwarze Kuratorin täglich hindurcharbeitet. Damit bezieht sie sich auf den von W. E.B. Du Bois beschriebenen inneren Konflikt kolonisierter und unterdrückter Menschen und erklärt die widersprüchliche Aufgabe, als Schwarze Frau in *weißer* Dominanzgesellschaft zwischen eigenem Selbstverständnis und den Erwartungen der Mehrheit navigieren zu müssen. Die Last, das Persönliche und Politische stets mit der eigenen Person – dem eigenen Körper – verknüpft zu wissen, wird in ihren Ausführungen überdeutlich. Die Sehnsucht nach Räumen, in denen sie und ihre Kolleg:innen sich geborgen fühlen können.

Ihr Text erinnert mich an eine Weihnachtsfeier, kurz vor Ausbruch der Pandemie. Wir saßen in einem Café in Schöneberg, Kuratorinnen, Redakteurinnen, Autorinnen, Aktivistinnen, Fundraiserinnen. Als am nächsten Tag ein Foto von unserem Abend die Runde machte, traf mich die Kraft des Bildes unvermittelt. Alle Frauen, die am Tisch gesessen hatten, waren Schwarz.

Ich sah mir das Bild lange an und dachte an andere Weihnachtsfeiern, die ich in vergangenen Jahren besucht hatte. Aus einem fast ausschließlich *weißen* Umfeld hatte sich ein diverses Arbeits- und Freundschaftsnetz entwickelt, zu dem immerhin so viele Schwarze Frauen zählten, dass sie eine lange Tafel füllten. Ich dachte an Zeiten, in denen ich alle paar Wochen einmal zufällig einer anderen Schwarzen Frau auf den Straßen Berlins begegnet war und wir uns verhuscht angelächelt hatten.

May Ayim und ihre Mitstreiter:innen hatten ihr Buch «Farbe bekennen» bereits veröffentlicht.[7] Doch es sollte noch Jahre dauern, bis ihre Gedanken in der breiteren Öffentlichkeit ankommen würden. Es sollte dauern, bis noch viel mehr Schwarze Menschen ihren Platz in der Gesellschaft einfordern würden. Bis sich abzeichnete, dass wir keine parallelgesellschaftliche Revolution planten, wenn wir zwischenzeitlich auch mal unter uns blieben.

Die britische Autorin Reni Eddo-Lodge hat vor einigen Jahren geschrieben, sie würde manche Themen nicht mehr mit *weißen* Menschen besprechen.[8] Ich verstehe das bestens. Doch einige der wichtigsten Menschen in meinem Leben sind *weiß*. Hielte ich sie heute auf Abstand, fehlten entscheidende Versatzstücke meiner Identität.

Meine persönlichen *Safer Spaces* bestehen nicht auf der Inklusion der einen und dem Ausschluss der anderen. Sie hängen davon ab, wie reflektiert die Menschen, mit denen ich diese Räume teile, die eigenen Positionen wahrnehmen.

Meine Freundschaft zu H. ist von Beginn an durch verzahnte Geschichten geprägt. An der Schnittstelle scheinbar unvereinbarer Erfahrungen sind wir uns in pathologisch neugieriger Offenheit begegnet. Bis heute entscheiden wir uns dafür, die Neugier aneinander zu pflegen. Wir ähneln uns an so vielen Stellen, dass Herkunft zum Thema unter vielen geworden ist. Aber auch nur, weil wir es nie aus dem Blick verloren haben.

Vielleicht liegt in der Öffnung zum solidarischen, heterogenen *Wir*, das Sabine Hark in ihrem Buch beschreibt, ja auch eine mögliche Öffnung zu einem großzügigeren Verständnis von Freundschaft. Zu Beziehungen, die durch das Aufsuchen von Differenz geprägt sind, durch das Aushalten von Vielfalt, den Wunsch, sich in einer oft verständnislosen Gesellschaft am Ende auch mal als Teamplayer:innen begreifen zu dürfen.

Manchmal träumen H. und ich von einer Alters-WG mit allen, die übrig bleiben. Dort trinken wir Gin zum Frühstück, spielen laut auf ungestimmten Klavieren, haben ständig Besuch – und Zugehörigkeit ist endlich keine Frage der Anpassung mehr.

KAPITEL 6

Familie

To the mothers
who fed us poems
till our bellies
had no room for self-doubt,

Thank you.

Upile Chisala

Unter anderen Umständen wären wir vielleicht Freundinnen geworden. Meine Mutter und meine Tante faszinieren mich jenseits familiärer Verbindungen. Ihre Exzentrik, Zugewandtheit, Neugier: Sie sind ein leises Glück. Wir finden nicht mehr so häufig zusammen wie früher, aber vor einer Weile saßen wir wieder mal im Wohnzimmer meiner Tante. Seit Jahren waren wir nicht mehr unter uns gewesen. Doch zu ihrem 70. Geburtstag kamen wir ohne Kinder und in Originalbesetzung zusammen. Gemeinsam blickten wir in die ostwestfälische Provinz und spielten Canasta.

Schon immer konnten wir viel Zeit miteinander verbringen, ohne uns auf die Nerven zu gehen. Seit den 1980ern spielten wir Karten, guckten Schwarzweiß-Krimis und waren ein aus der Zeit gefallenes Trio. Meine Mutter, deren Weltsehnsucht sich zwischen Deutschland und Spanien eingerichtet hatte. Meine Tante, die es ängstlich vermied, die Welt außerhalb von Büchern und Filmen aufzusuchen. Und ich – die zwischen Abenteuerlust und Vorsicht nach Schwarzer Identität in *weißer* Umgebung suchte. *Against the odds* waren wir ein verlässliches Team.

Die beiden waren im selben Haus aufgewachsen wie ich. Meine Mutter war 25, als wir, zurück aus Spanien, wieder bei ihren Eltern einzogen, meine Tante 24 und gerade ausgezogen. Ihre Spiele und Bücher lagerten seit wenigen Jahren im Keller, ein paar Kuscheltiere, Bücher und Magazine lagen noch in ihrem Zimmer. Bilder aus diesen Tagen zeigen zwei junge Frauen und ein Baby, das in ihren Armen, Betten oder Schößen schläft. Meine Großeltern dagegen haben eingefallene Wangen, Tränensäcke, zittrige Falten: Ihre Erschöpfungslinien stechen neben unseren faltenlosen Gesichtern unbarmherzig hervor.

Meine Großmutter war 39, als sie in Eigendiagnose einen Bandwurm feststellte, der sich später als Kind entpuppte. Es heißt, sie sei wenig begeistert gewesen, als ihr Gynäkologe sie aufforderte, als Kapitänin ihrer Hockeymannschaft zurückzutreten. Ihre Fruchtbarkeit kam so überraschend, dass elf Monate nach meiner Mutter gleich meine Tante folgte. Plötzlich teilte meine Großmutter ihr Leben nach vierzig aufreibenden Jahren mit zwei unbekannten jungen Wesen – und später mit mir.

Sie schwang unübersehbar das Zepter bei uns zu Hause. Ihr übergroßer Charakter bestimmte den Takt zwischen Frühstück, Mittagessen und Abendbrot. Sie war sehr energisch, konnte auf Grashalmen und zwei Fingern pfeifen und setzte ihre Talente vor allem ein, um die Nachbarskinder in Schach zu halten. Ihre natürliche Autorität schien durch, wenn besonders konservative Nachbar:innen die Zusammengehörigkeit in unserer Familie hinterfragten. Sie schirmte uns vor jenen ab, die alleinerziehende Mütter und Schwarze Kinder skeptisch beäugten, und tat sich mit denen zusammen, die Weltgewandtheit ausstrahlten. Mein Großvater beobachtete ihren Aktionismus still. Doch beide ließen sich hingebungsvoll auf das Zusammenleben mit uns ein.

Das Nierentischchen, auf dem seine Zigaretten und die Malzbonbons lagen, stand gegenüber von einem klobigen alten Sekretär. Oft wühlte ich durch Fotos, die, in Pappkartons sortiert, darin lagen: mein zehnjähriger Großvater im Matrosenhemd, als junger Erwachsener in Uniform auf Segelschiffen, später als Kapitän auf Frachtern. Meine Oma in Marlene-Hosen, im Autoscooter, im zerbombten Hamburg. Die Vergangenheit in unserem Haus war greifbar und auch wieder nicht. Sie drang aus Fotos und alten Gewohnheiten der Großeltern in mein Leben.

Ich war die einzige meiner Freund:innen, die sich beim Mittagessen mit Nierchen und Leber rumplagte. Gespräche über Politik und Zeitgeschehen gingen selten über die Nachkriegsjahre hinaus. Die Wiederholungen alter Fernsehserien, die Groschenromane meiner Großmutter, Einrichtung und Spiele: Alles schien einer anderen Zeit anzugehören.

Selbst einer meiner Wellensittiche trug den Namen einer 60er-Jahre-Ikone. Auf meinen Wunsch hießen unsere männlichen Vögel Hansi und Piepsi. Der Name unseres Weibchens aber war eine Hommage: Sie hieß Emma mit Vornamen und Peel mit Nachnamen. Sie flog furchtlos gegen Fensterscheiben und in die Kakteen. Sie überlebte alles und glich am Ende ihrer Namensvetterin aus längst vergangenen Fernsehtagen.

Zusammen mit Vögeln und Nagetieren lebten wir in einer Art Zeitkapsel. Unser Haus war ein Ort, an dem sich der emotionale Schutt des 20. Jahrhunderts angesammelt hatte. Doch dazwischen lagen Räume voll Toleranz und Weitblick. Meinen Großeltern erschien der vorläufige Lebensentwurf meiner Mutter absolut schlüssig. Sie verstanden genau, dass ein Leben im *Hier* und *Dort* möglich war. Dass zwischen Spanien, Deutschland und Äquatorialguinea nur ein paar Sprachen, Gewohnheiten und historische Ungereimtheiten lagen.

Vielleicht waren sie nach Volksdorf gezogen, um in den Konventionen des Vorstadtlebens die vergangenen Jahrzehnte zu sortieren. Doch so ganz ging das Konzept nicht auf. Während die Wunder der 1980er Jahre in Form von Mikrowellen und Videorecordern in der Nachbarschaft einzogen, verharrten meine Großeltern stoisch im Gestern. Viele der jungen Familien, die um uns herum einzogen, trugen die Sehnsucht nach bürgerlicher *Normalität* wie Schutzschilder durch die Straße. Meine Großmutter sah durchs Küchenfenster zu und schüttelte den Kopf. *Normal* war in ihrem Leben wenig gewesen, und so versuchte sie am Ende nicht, es so aussehen zu lassen.

Erst als ein Tumor ihr die Kraft nahm, begann ihre widerständige Präsenz in der Nachbarschaft zu verblassen. Unser Mehrgenerationenleben ging langsam zu Ende, und meine Mutter und ich wachten in der Gegenwart auf.

Die Selbstverständlichkeit, mit der wir zusammengelebt hatten, ist heute keine mehr. Nur noch selten wohnen mehr als zwei Generationen in deutschen Großstädten unter einem Dach. Auch in unserem Fall war es reiner Zufall gewesen. Meine Großeltern hatten uns aufgenommen, als wir unsortiert in Deutschland angekommen waren. Und wir waren geblieben, weil die Jahre überraschend schnell vergingen und sie gebrechlich wurden.

Zehn Jahre lang waren wir gemeinsam über den Scherbenhaufen ihrer Erinnerungen gelaufen, durch die wattierte Normalitätssehnsucht der 1980er Jahre und ein höflich rassistisches Volksdorf. In schweigender Ahnung lavierten wir uns zusammen durch den Alltag, ohne ausdrückliches Bewusstsein für die verflochtenen Erfahrungen, die unsere Familie prägten.

Dumpf hallte das Zeitalter der Extreme noch Jahrzehnte nach dem Krieg, Jahre nach Bürgerrechtsbewegungen und kolonialen Freiheitskämpfen durch unser Reihenhaus.[1] Vielleicht war es eine Mischung aus Scham und Erschöpfung, die das Schweigen mancher Momente prägte. Erschöpfung über all das, was meine Großeltern für sich behielten und stillschweigend mitgetragen hatten. Scham über die Tatsache, dass sie sich noch immer nicht sicher sein konnten, dass ihre Schwarze Enkeltochter in der Nachbarschaft gut aufgehoben war.

Bei aller Weltläufigkeit lebten auch sie mit blinden Flecken. In den letzten Jahren spann mein Großvater sein Seemannsgarn vom Schaukelstuhl aus. Er erzählte von Stürmen, Äquatortaufen und ließ Geschichten über seine Zeit bei der Kriegsmarine aus. Meine Großmutter schwelgte in Erinnerungen an die ereignisreichen 20er Jahre – und ließ die Gedanken an Hungerwinter und Trümmerarbeit ruhen. An den meisten Fragen, die wir ihnen hätten stellen können, haftete das Gefühl der Grenzüberschreitung.

«Warum fragen wir nicht, was Opa getan hat»: Mit diesem Satz richtet der Sozialpsychologe Jonas Rees sich in einem Zeit-Interview an meine Generation.[2] Bis heute falle es vielen Deutschen schwer, in liebevollen Großeltern Täter:innen oder Mitläufer:innen zu sehen, sagt er. Und auch ich verstehe den Widerspruch nur bedingt. Die Jahre, die ich mit meinen Großeltern verbracht habe, waren eine sehr schöne Zeit. Ich war zehn, als mein Großvater starb, elf, als meine Großmutter ihm folgte. Für kritische Fragen zum Nationalsozialismus noch etwas zu jung. Und doch habe ich eine Ahnung, wo ihre Weltoffenheit geendet und die Verstrickungen in die problematische deutsche Geschichte begonnen haben könnten.

In den 1920er Jahren lebte meine Großmutter in Berlin. Ein Bild aus dieser Zeit hängt in meinem Arbeitszimmer. Es zeigt sie in wallendem Kleid aus leichtem Stoff, die Augen geschlossen, die Arme von sich gestreckt, auf einer Wiese. Selbst in der eingefrorenen Pose des Fotos sieht man das Fließende, Durchlässige, Selbstversunkene ihrer Bewegung. Ein bisschen Martha Graham, etwas Doris Humphrey.

Erst nachdem ich ausgezogen war, hatte ich das Bild im alten Schreibtisch meines Großvaters entdeckt. Ich wusste, dass meine Großmutter als Gymnastiklehrerin gearbeitet hatte. Freute mich über die Pose auf dem Foto, die mich an die Selbsterforschungen des modernen Tanzes erinnerte. Doch ich ahnte nicht, wie sehr ich danebenlag. Ihr Lehrer war Rudolf Bode gewesen. 1922 hatte er den «Bode-Bund für Körpererziehung» gegründet, der Ausdrucksgymnastik unterrichtete und ein «symbiotisches Zusammenspiel von Körper und Seele» anstrebte. Zehn Jahre später trat er der NSDAP bei, wurde 1933 Fachgruppenleiter im Kampfbund für deutsche Kultur und nach dem Krieg als Mitläufer eingestuft.

Ich weiß nicht, was meine Großmutter nach all den Jahren von seiner Schule und ihren Ansätzen hielt. Leiter und Institution wurden nach dem Krieg rehabilitiert. Doch was sagt das aus über jemanden, der im antisemitischen, völkisch ausgerichteten Kampfbund Karriere machte? Ich kann nur hoffen und vermuten, dass sie seinen Ideologien, die im Unterricht sicher schon mitschwangen, widerstand.

Immerhin hatte sie ihre Schwester als Vorbild. Während sie in Berlin war, trat meine Großtante in Hamburg angeblich in die KPD ein. Kurz vor Kriegsbeginn wurde sie wegen ihrer politischen Aktivitäten exmatrikuliert, ihr Vater verlor seinen Posten als Lehrer. Auch von ihr habe ich ein Bild. Zwischen feiernden Menschen blickt sie verschmitzt und direkt in die Kamera. Es heißt, sie und meine Oma hätten sich nahegestanden. Vielleicht haben sie offen über den politischen und gesellschaftlichen Horror jener Jahre gesprochen.

Doch irgendwann verloren sie sich aus den Augen. Den Krieg haben sie unter gänzlich verschiedenen Vorzeichen in Hamburg erlebt. Meine Großmutter in leidlich stabilem Umfeld als Lehrerin und Gattin eines angehenden Kapitäns. Meine Großtante als halbfertige Mathematikerin, alleinstehend, in ärmlichen Verhältnissen. Sie starb 1945, beim letzten Bombenangriff auf Hamburg.

Der Großteil unserer Familiengeschichte setzt sich für mich aus ein paar Kisten mit Schwarzweiß-Fotos und knappen Erzählungen zusammen. Es gibt weder klare Täter:innen- noch Opfer-Biografien, keine erkennbare Stringenz in verflochtenen Lebensgeschichten. Es bleiben diffus heterogene Familienchroniken, deren spezifische Blessuren bis heute im Stillen über meiner Mutter, Tante und mir schweben. Der Tod meiner Großtante war bei uns ebenso wenig Thema wie meine Erfahrung, als Schwarzes Mädchen in konservativer *weißer* Nachbarschaft zu leben. Wir liebten einander wortkarg.

Doch das Schweigen lässt sich nicht allein auf deutscher Seite verorten. Auch meine guineische Familie versteht sich in Geheimhaltung. Allerdings klingt die Stille dort anders.

In Äquatorialguinea legt sich das familiäre Schweigen über eine Gegenwart, in der es bis heute gefährlich ist, sich politisch klar zu positionieren. Kritik an Präsident und Regierung, an Armut und Ungleichheit, am korrupten System: Es gibt zahlreiche Themen, die einen ins Gefängnis bringen könnten. Zumindest zwischen die Räder eines diktatorischen Machtapparats. Vielleicht ist die Angst vor dem offenen Sprechen auch ein Erbe aus kolonialen Zeiten. Vielleicht stammt sie aus jenen Tagen, in denen die spanische Regierung das Zerwürfnis zwischen Bubi und Fang provozierte und von allen Seiten Loyalität einforderte.

Für die Verwandtschaft in Malabo bestehen politische Restriktionen und Repressionen im 21. Jahrhundert fort. Sie bestimmen das

Leben einer Familie, in der einige das Regime kritisch aus dem Ausland beäugen, während andere im Land politisch Karriere machen. Sie beherrschen komplexe verwandtschaftliche Verbindungen, beschreiben die Realität von Angehörigen, die sich stillschweigend zwischen politischen Fronten aufreiben. Und durch ihr Schweigen hindurch frage ich mich: Welche Verwerfungen des 20. Jahrhunderts haben mich denn nun geprägt?

Ist es die Verbindung zur deutschen Verwandtschaft, in der Mitläufer:innenschaft und Widerstand ineinander verschlungen waren – und Verluste still betrauert wurden? Die zur guineischen, wo die Widersprüchlichkeit politischer Haltungen die Familie seit Jahrzehnten vom offenen Gespräch abhält? Ist es ein weltgeschichtliches Dazwischen?

Die Ungewissheit darüber, wie meine Familie sich während der NS-Zeit wirklich positioniert hat, hat mich ebenso geprägt wie die Frage, was hinter dem Hausarrest meines guineischen Großvaters und der Ermordung seines Sohnes stand.

Wie sehr haben meine Urgroßeltern versucht, der befreundeten jüdischen Familie zu helfen?

Wie deutlich hat meine Großmutter sich von den Ideologien ihres Gymnastiklehrers distanziert?

Wie sind manche Männer aus der Familie zur Hitlerjugend geraten und andere an die Bekennende Kirche?

Wie nah stehen manche meiner guineischen Verwandten heute einem repressiven Regime?

Wie groß war der Identitätsverlust meines Vaters und seiner Geschwister, die von spanischen Erzieher:innen gezwungen wurden, die eigene Kultur beiseitezuschieben?

Wo begegnen sich Afrika und Europa aus Familienperspektive?

Diese Fragen lagern in einer familiären Blackbox. Sie beschreiben den Raum, den meine Eltern und ich seit Jahren immer aufmerksamer zusammen durchkämmen. Manchmal schaffe ich es, sie aus der Reserve zu locken. Wenn es um die Leerstellen geht, die Kolonialismus und Nationalsozialismus hinterlassen haben. Um Fragen, deren Antworten meine Großelterngeneration mit ins Grab genommen hat. Darum, wie schwer es sein kann, sich mit den komplizierten Vergangenheiten der Anderen auszusöhnen.

Nach knapp 50 Jahren, die ich meinen Vater sporadisch treffe, bleibt mein Gefühl für sein Leben ein vages. Ich ahne, was ihm durch die Emigration widerfahren ist. Wie sie ihn mit Macht von der Familie in Deutschland und Guinea fernhielt – wie seine Verbindungen sich gelockert haben. Mit siebzehn stand er am Flughafen von Malabo und hatte keine Ahnung, dass er seine Eltern nie wiedersehen würde. Migration ist unberechenbar.

Verabschiedungen stecken auch unser Verhältnis zueinander ab: das ständige Kommen und Gehen, das kurze Bleiben. Fast jedes unserer Telefonate endet mit den Worten «I love you». Mit US-amerikanischer Floskelhaftigkeit, die er sich aus Büchern und Filmen abgeguckt hat, die, vermute ich, seine Angst vor Endgültigkeit verbirgt. Nach Jahrzehnten in der Emigration scheint sie mittlerweile deutlich durch: seine Sehnsucht nach Nähe. Wahrscheinlich hält er die Distanz zur guineischen Familie aufrecht, um weitere Trennungen zu vermeiden. Jedenfalls bin ich bis heute sein Sprachrohr. Wenn in Malabo etwas passiert, erfährt er es durch mich.

Vor ein paar Jahren starb sein ältester Bruder. Ich hatte ihn am Flughafen in Malabo getroffen. Am Tag seines Todes war meine Cousine aus London zu Besuch. Wir schoben die Kinderwagen durch Pankow, sprachen zwischen Kaffee und Kuchen kurz über unseren Onkel. Er war Dorfältester in einem kleinen Ort außerhalb von Malabo und recherchierte für eine Chronik zur Geschichte der Bubi. Er trug orale Erzählungen über die aussterbende Bevölkerungsgruppe zusammen. Und wir wollten endlich hören, was er herausgefunden hatte.

Beim Abendessen kam der Anruf aus Äquatorialguinea.

Ich bin mir nicht sicher, was aus seinen Aufzeichnungen geworden ist, einer seiner Söhne wollte sich um weitere Recherchen kümmern. Ob er den Weg von der Hauptstadt in das kleine Dorf regelmäßig auf sich genommen hat? Ob er die paar Menschen aufgespürt hat, die ihm noch etwas erzählen könnten? Ich habe nicht mal die Reise per Linienflug hingekriegt.

Die Geschichten, die unser Onkel gesammelt hatte, drangen nur an den äußersten Rändern in mein Leben und das meiner Cousine. Doch die surrealen Zufälle, die uns verbanden, rissen nicht ab: die zeitgleiche Geburt unserer Töchter, der gemeinsam erlebte Todestag des Onkels. Interessen, Hobbys, Vorlieben – ein blindes Verständnis, das sich jenseits einer gemeinsamen Kindheit zwischen uns entwickelt hatte. Spuren afropäischen Lebens.[3]

Seit einer Weile arbeiten sich Geschichtswissenschaftler:innen an Michael Rothbergs multiperspektivischem Ansatz ab. Der Historiker:innen-Streit 2.0 ist ein medialer Dauerbrenner, der die heikle Frage nach der Vergleichbarkeit von geschichtlichen Ereignissen und dem Umgang mit Erinnerungskulturen aufwirft. Ich beobachte das akademische Ringen um Holocaust und Kolonialismus aus sicherer Distanz. Und aus der Ferne zweifle ich an jener Logik der Konkurrenz. Die Scham über die Gräuel des Holocaust und die Verdrängung einer kolonialen Geschichte ziehen sich gemeinsam durch mein Leben. Grausamkeiten, die auf unterschiedlichsten Ebenen wirken und sich diesseits wie jenseits des Äquators fortschreiben.

Ihre Spuren führen in unterschiedlichste Richtungen. Und immer wenn ich ihnen folge, offenbaren sie Unerwartetes. 2019 war es in Kamerun. Zusammen mit Künstler:innen und Theoretiker:innen aus Tansania, Togo, Ruanda, Burundi, Namibia, Kamerun und Deutschland war ich der Einladung des Goethe-Instituts gefolgt. «The Burden of Memory» hieß die Veranstaltungsreihe, und tatsächlich kam es zu hitzigen Diskussionen über historische Schuld und koloniale Ausbeutung. Afrikanische Teilnehmende konnten ihre Wut über das europäische Vergessen kaum verbergen. Ein paar Deutsche wehrten sich trotzig und befanden, die koloniale Vergangenheit sei keine Antwort auf Probleme der Gegenwart. Oft schien das Verständnis auf beiden Seiten erschöpft.

Am ersten Abend stand ich mit drei Kolleg:innen vor dem Nationalmuseum in Yaoundé. Langsam wurden wir von zwei Performer:innen den Hügel vor dem Museum hinaufgeleitet. Wir beobachteten eine mystische Szene in der Abenddämmerung. Man führte uns an einer

Art Reinigungsritual vorbei, an einer weinenden Performerin und an Trommler:innen, die mit ihrer Musik der Toten gedachten. Die Emotionen der Performer:innen wirkten so authentisch, dass die Grenze zwischen Spiel und Wirklichkeit vor unseren Augen verschwamm.

«Ist das noch Theater?», fragte die Zuschauerin hinter mir, und sie klang besorgt. Am Ende des Rundgangs lag ein Stock auf dem Boden, der offensichtlich von ritueller Bedeutung war.

Die Choreografin hatte eine kollektive Trauerfeier für die Opfer kolonialer Gewalt inszeniert. Sie hatte dem Publikum zugemutet, Emotionen auszuhalten, die nach einer lang verdrängten Geschichte langsam ihren Weg in die gesellschaftliche Wahrnehmung fanden. Trixie Munyama war historischen Spuren gefolgt, mit denen sie sich seit einigen Jahren beschäftigte. 2015 hatte sie mit ihren Recherchen begonnen. Im namibischen Nationalarchiv hatte sie historische Dokumente über Lothar von Trothas Vernichtungsbefehl gefunden, Fotografien von Ovaherero und Nama in Konzentrationslagern entdeckt und erschüttert festgestellt, wie wenig sie selbst über die Geschichte ihres Landes wusste.

«In unserer Geschichte und unseren Ritualen steckt eine Kraft, vor der viele junge Afrikaner:innen sich heute fürchten», erklärte sie mir. Und in diesem Moment sah ich die Verbindung zwischen unseren Ländern aus neuer Perspektive. Die systematische Unterdrückung, die aus Legitimationszwecken für das koloniale Projekt entstanden war, hatte so viele Menschen verstummen lassen. Doch an diesem Abend verband sie eine kleine Gruppe Schwarzer Menschen, die aus der Geschichte zwischen Deutschland und Namibia Bezüge zur Gegenwart herauszulesen versuchte. Eine Handvoll Performer:innen und eine Journalistin, die über die individuelle Erfahrung hinaus Gemeinschaft suchten.

Der rituell aufgeladene Stock aus Munyamas Stück war eine symbolische Schwelle gewesen, die Vergangenheit und Zukunft voneinander trennte. «Wenn die Trauer überwunden ist, steigt man drüber», hatte die kamerunische Zuschauerin hinter mir erklärt. Munyama hatte einen heilsamen Moment des Überwindens inszeniert. Aber kurz hatte ich gezögert, bevor ich über das Stöckchen stieg. Ich hatte

Zweifel, ob die Schrecken vergangener Jahrhunderte sich ganz so leicht überwinden ließen.

Auf dem Rückflug wurden meine Erlebnisse mit den Reflexionen eines anderen Journalisten konfrontiert. In Bartholomäus Grills Buch «Wir Herrenmenschen» las ich, wie ihm das Verhältnis zwischen Europa und Afrika auf dem Dachboden seiner Familie vor die Füße gefallen war. Als Kind hatte er auf dem elterlichen Bauernhof eine Kiste mit Büchern entdeckt, die seinem Großvater gehört hatten. «Wir ritten für Deutsch-Ostafrika» und «Unter Wilden und Seeräubern» waren Fundstücke, auf die der junge Grill darin stieß. Er wurde später «Afrika-Korrespondent» für die Zeit und den Spiegel. Doch auf dem Dachboden der Eltern näherte er sich dem Kontinent zunächst durch ungefiltertes Fernweh. «An diesen unendlich langen Kindheitsnachmittagen auf dem Dachboden betrat ich eine untergegangene Welt», schreibt er, «das deutsche Kolonialreich, dem mein Großvater bis zu seinem Tod nachgetrauert hatte.»

Vor allem sein erstes Kapitel blieb mir eindrücklich in Erinnerung. Denn darin beschrieb er, wie er die politischen Haltungen seiner Familie auf den Kopf stellen musste, um eigene entwickeln zu können. Wie auch er die eine oder andere Schwelle überwinden musste und sein Unverständnis über koloniale Gewalt erst nach Jahren der journalistischen Arbeit in Worte fassen konnte.

In diesem Kapitel schickt er die Leser:innen durch Landschaften voll blinder Flecken. Er zitiert Aimé Césaire, Frantz Fanon und andere Theoretiker:innen der Postcolonial Studies. Und er macht klar, dass er im gegenwärtigen Rassismus und der Abwertung geflüchteter Menschen direkte Verbindungen zur Kolonialgeschichte ausmacht.

Der Ton seines Buches ist stellenweise emotional, fast erscheint er mir wütend. Grill beschreibt die Irritation über die Ansichten des Großvaters deutlich, der bis zum Schluss vom kaiserlichen Großreich träumte. Er skizziert das Unverständnis gegenüber einem Vater, der sich nach dem Zweiten Weltkrieg andere «verlorene Gebiete» zurückwünschte. Und er versucht, sich von Fremdheitsbildern früherer Generationen zu befreien.

Auch ich bin mit den rassistischen Hinterlassenschaften früherer

Generationen aufgewachsen und beobachte sie bis heute. Noch immer sind sie zwischen Klassenräumen und Chef:innenetagen präsent. Sie sind ein Erbe, das an unserer Gesellschaft zerrt, und sie betreffen uns – beide. Die 48-jährige Schwarze Frau aus Hamburg. Und den 68-jährigen *weißen* Mann aus Oberaudorf am Inn. Zwei nicht mehr ganz junge Menschen, die sich an den Malaisen der Vergangenheit abarbeiten.

Kurz vor der Reise nach Kamerun blickte meine Ärztin bei einer Routineuntersuchung besorgt auf meinen Blutdruck. «Bisschen hoch», sagte sie und schickte mich zu einem Kardiologen auf der anderen Straßenseite. Mein Blutdruck war bislang kein Thema gewesen. Ich war unter 50, fit, leidlich schlank. Und ich war irritiert, als Trixie Munyama besorgt auf die Diätvorschläge meiner Ärztin reagierte.

Sie ratterte eine Liste von Gründen runter, die mich aus ihrer Sicht zur Risikopatientin machten. Die Gewalt, die Teil unserer historischen Erfahrungen ist. Die Diskriminierung, die wir in unterschiedlichen Ausprägungen als Schwarze Frauen im Alltag erlebten. Den Druck, der sich in unseren Körpern aufbaute, um mit all dem fertigzuwerden. Ich war skeptisch, aber besorgt und schlussfolgerte, dass ich ab jetzt wohl Blutverdünner bräuchte.

Nach der Reise stellte der Kardiologe bei mir ein verlässlich schlagendes Herz fest. Er sagte: «Bestimmt hat die Kollegin sie an einem schlechten Tag erwischt.» Doch mittlerweile war ich mir da nicht mehr sicher. Ich erinnerte mich an einen Gynäkologen aus der Zeit meiner ersten Schwangerschaft. Auch er hatte nach meinem Blutdruck gefragt. Er hatte vor Präeklampsie und anderen Scheußlichkeiten gewarnt und gefragt, ob in meiner afrikanischen Familie jemand Probleme mit dem Herzen hatte. Seine «ethnischen Implikationen» waren mir unangenehm aufgefallen. Doch er hatte recht: Eine Handvoll Verwandter aus Malabo hatte mit Hypertonie zu tun, manche waren sogar daran gestorben.

Berichte aus den USA belegten schließlich, dass Schwarze Frauen häufiger mit Bluthochdruck kämpften als *weiße*. Forschende gehen davon aus, dass ein Zusammenhang zwischen Rassismus, Diskriminierung durch das medizinische System und dem Auftreten von Bluthochdruck besteht.[4] Afroamerikanischen Patient:innen wird oft weniger zugehört als *weißen*, Diagnosen werden verschleppt und Ärzt:innen behandeln dementsprechend falsch. Dass die Verhältnisse in den Kolonien Afrikas nicht besser waren, davon ist auszugehen. Je mehr ich darüber erfuhr, desto mehr begriff ich, wie sehr Rassismus die Herzen mancher Menschen erschöpfte.

Als die erschütternde Logik eingesickert war, häuften sich schwächelnde Herzen in meinem Umfeld. In manchen Fällen rebellierten sie gegen ein ungesundes Leben. In anderen schlug die Genetik unvermittelt zu. Altersbedingte Beschwerden kündigten sich in einer Vielzahl von Formen an und schienen wahllos bei Herkunft, Familie und Biografie. Doch meist war Stress ein gemeinsamer Faktor.

Die Gründe dafür schienen leicht ausgemacht: berufliche und finanzielle Sorgen, familiäre und partnerschaftliche Schwierigkeiten, Diskriminierung, Klimawandel, Pandemie, Isolation, Krieg – die Liste war lang. Aber waren die Scham und das Schweigen, die uns das 20. Jahrhundert vermacht hatte, vielleicht zusätzliche Auslöser? Verursachten sie mehr Stress als allgemein angenommen? Konnte es sein, dass dominante Mehrheiten und unterdrückte Minderheiten beide unter den Konsequenzen ungleicher Verhältnisse litten? Dass Verdrängung und das Bewahren mancher Privilegien doch auf *allen* lastete?

Wahrscheinlich kostet es Nerven, sich in sensiblen Zeiten an alten Gewissheiten festzuklammern. Diejenigen, die sich vor der Selbstverständlichkeit diversen Lebens verschließen, werden ja auch nicht jünger. Mein Körper zumindest wird schwächer, anfälliger, langsamer. Er ist weniger belastbar und bleibt doch Projektionsfläche, die gelegentlich Herzrasen verursacht. Er veranlasst manche Menschen wie gehabt, beim ersten Treffen Herkunft und Diskriminierungserfahrungen abzufragen. Sich über meinen deutschen Namen zu freuen. Mich zu meiner Sprachfähigkeit zu beglückwünschen.

Und doch altere ich mit ihnen zusammen. Mit Menschen, deren Herzen schwächer und deren Haare mit meinen dünner werden. Ein zuverlässiger Garant für Verbundenheit ist der gemeinsame Verfall nicht. Doch in glücklichen Fällen wird das Alter zur Vermittlerin.

Ich erinnere mich daran, wie fasziniert ich als Kind von der Frisur meiner Mutter war. Sie hatte einen langen, wehenden Schneewittchen-Schnitt. Ich dagegen hatte unkonventionelle Locken, die mal Verzücken, mal Gemeinheit provozierten. Im Vergleich zu ihren Haaren wirkten meine stets laut, unangepasst, deplatziert. Oft habe ich sie in unverfänglichen Zöpfen versteckt.

Trotzdem war ich untröstlich, als meine Mutter mir die Haare abschnitt. Ich konnte nicht glauben, dass in unserem Alltag kein Platz mehr für meine anspruchsvollen Locken war. Für das zeitaufwändige Waschen, Kämmen, Flechten. Fast ging in meiner Trauer unter, dass sie sich zeitgleich die eigenen Haare abgeschnitten hatte. Es war kurz nach dem Tod meiner Großeltern gewesen, als wir beide unsicher durch ein Leben ohne sie wankten.

Der hormonelle Stress der Wechseljahre bringt nun die Wendung in unserer Frisuren-Geschichte. Seit ein paar Jahren werden meine Haare lichter, mittlerweile passen mir die Mützen meiner Mutter, und auf einmal sehe ich sie als junge Frau. Ich sehe, dass auch ihre Haare der Überforderung zum Opfer fielen. Ich sehe die Erschöpfung, die offenbar aus meiner *und* ihrer Frisur sprach. Die großen Afros, zu denen ich später doch noch kam. Auf meinem Kopf deuten ihre Beanies und Kappen heute an, dass meine Haare ihre strahlende Zeit gehabt haben. Dass sie fragiler werden und sich meiner Mutter still und heimlich annähern.

«Gewiss gibt es hinsichtlich *Race*, Alter und Gender sehr reale Unterschiede zwischen uns», schreibt Audre Lorde in einem Essay von 1980. «Aber nicht sie sind es, die uns trennen, sondern vielmehr unsere Weigerung, sie anzuerkennen und die Verzerrungen zu analysieren, die aus Falschbenennungen und deren Wirkung auf menschliches Verhalten und menschliche Erwartungen resultieren.»[5]

Als ihr Text erschien, wankten meine Mutter und ich noch durch eine farbenblinde Gesellschaft. Noch hatten die sozialen und historischen Verflechtungen, die uns jenseits des Familiären verbanden, keine Namen. Das Aushandeln und Aushalten von Diversität steckte bestenfalls in der Pilotphase. Die allumfassende Verschiedenheit, die unsere Umwelt aus unserem Aussehen ableitete, ergab wenig Sinn für uns. Meine Großeltern hatten sie stets ignoriert und auf einen Stapel mit allen anderen Dingen gepackt, die ihnen Schmerzen bereiteten. Auch ihre Herzen wurden schwächer.

Als sie starben, ließen sie Töchter, Enkelin und zwei randvolle Leben in einer Gegenwart zurück, in der sie nie ganz angekommen waren. Innerhalb von zwei Jahren schrumpfte unser Haushalt von vier auf zwei Personen. Viele Fragen blieben unbeantwortet, viele Gedanken unausgesprochen, unser Verhältnis – in Watte gepackt. Niemand hatte sich verabschiedet, die beiden waren einfach gegangen. Mein Großvater mit lautem Knall, meine Oma still und leise – ganz untypisch für beide.

In den letzten Jahren habe ich sie vor allem rauchend erlebt. Ich erinnere mich an die Zigaretten, die mein Großvater zollfrei und stangenweise nach Hause brachte. An den Qualm, der mir aus Wohnzimmer, Diele und von der Terrasse entgegenwehte und der mich kaum störte. Ich erinnere mich an die spitzen Finger, mit denen die Mütter mancher Freund:innen meine Kleidung bei Übernachtungsbesuchen anfassten, weil sie nicht roch, wie sie sollte. An die ungesunde Gesichtsfarbe zweier alter Menschen, die in manchen Zigarettenlängen doch noch so etwas wie Entspannung erlebten.

Im Vorwort zur deutschen Übersetzung ihres Romans «Das Haus aus Stein» erzählt Aslı Erdoğan von der kurzen Begegnung mit einem alten Mann. Im Schneegestöber stehen die beiden vor der gerade schließenden Gedenkstätte Buchenwald. In der Kälte – unfähig, sich vom Fleck wegzubewegen und sich von diesem Unort zu lösen. «Vielleicht sind hier Angehörige von ihm ums Leben gekommen», schreibt sie über den Mann, dessen Gesichtszüge ihr wie aus Papier gefaltet scheinen. Als sie sich eine Zigarette anzündet, bemerkt er sie. Im ersten Moment liest sie Abwehr aus seiner Haltung. Sie erwartet, dass er sie zurechtweist: Rauchen verboten. Doch dann: «Er sieht mir in die Augen, als blickte er in einen Spiegel, dann zündet auch er sich eine Zigarette an.»

Ein paar Zeilen später beschreibt sie ein anderes Zigaretten-Erlebnis. Sie nimmt uns mit auf den Hof des Frauengefängnisses Bakırköy in Istanbul. «Wenn im Gefängnis ein neuer Morgen heraufzog, der nichts anderes versprach als wieder Schläge, wieder Demütigungen, wieder Qual, nichts als die Wiederholung des Tages davor, das endlose Gekrächze aus dem Lautsprecher, das Durchzählen und Schlüsselgeklirr, kamen wir im Hof zusammen, ein paar Frauen, bald nass vom Regen, der von oben durch den elektrischen Stacheldraht tropfte, rückten an einer Mauer ganz nah aneinander, und ohne zu reden rauchten wir die erste Zigarette des Tages.»

In diesem Satz bleibt der Akt des Rauchens so flüchtig wie die Verknüpfung von Erdoğans Erlebnissen. Beide Fälle beschreiben ein Innehalten, langsames Einatmen, Ausatmen, schleichendes Gift. Ihr Rauchen ist in viel dramatischere Situationen eingebettet als das meiner Großeltern. Doch auf absurde Weise knüpft sich vor meinem inneren Auge ein Band zwischen ihrem schweigenden Paffen.

Vielleicht ist es die Unerzählbarkeit bestimmter Erlebnisse, die schweigsame Ruhe, mit der bedrohliche Erfahrungen weggepustet werden. Eine Fremdheit, die rauchend durchbrochen wird, weil Rauchen Gemeinsamkeit schafft: im Gefängnishof, vor der Gedenkstätte, zwischen Großeltern.

Erdoğan schreibt, sie müsse oft «einen Schritt auf das Unerzählbare hin tun, wieder einen Schritt zurücktreten, die Flugbahn ändern, wieder einen Kreis zeichnen … bis ein Widerhall ertönt». Ihre Worte hallen durch ihr Leben im Berliner Exil. Sie hallen durch die ungesunde Vergangenheit meiner Großeltern. Durch Momente, in denen Trixie Munyama sich um meine Gesundheit sorgt – obwohl ich gar nicht rauche.

Kürzlich schrieb mir Munyama, was sie für die eigene Gesundheit tue. Sie arbeitete noch immer als Dozentin an der Universität in Windhoek, aber parallel hatte sie eine Ausbildung zur traditionellen Heilerin absolviert. Ihr Tagesablauf hatte sich verändert: morgens ein paar Meetings und Vorlesungen, mittags eine Ziege schlachten, abends böse Geister für ihre Klient:innen austreiben. Früher hätte ich diese Aufzählung eventuell als widersprüchlich betrachtet, doch beim Lesen ihrer Zeilen klang es absolut einleuchtend: Sie hatte verschiedene Wege gefunden, um dem Leid der namibischen Vergangenheit zu begegnen – multikollektive Wege des Heilens.

Ihre E-Mail machte mich nachdenklich. Wie weit war Deutschland auf dem Weg zur dekolonialen Heilung gekommen? Wie offen gingen die Menschen in meinem Umfeld mit den Folgen jenes Kolonialismus um, in dem die Stärkeren stets Recht behalten hatten? Mit den Überresten eines politischen Projekts, das sich an den Bedürfnissen der Einen ausgerichtet hatte und zu Lasten der Anderen durchgesetzt worden war?

Noch immer verbeißen sich Teile der deutschen Gesellschaft in Exklusionsreflexen, die auf einer zugeschriebenen Fremdheit basiern, die historisch gewachsen ist. Sie arbeiten sich an der Frage ab, wen sie als zugehörig akzeptieren und wie großzügig sie sich gegenüber Perspektiven geben, die nicht mit eigenen Norm- und Wertvorstellungen kompatibel scheinen. Diskussionen über ein gleichberechtigteres Miteinander wirbeln derzeit so viel Staub auf, dass manche Inhalte hinter dicken Wolken zu verschwinden drohen. Immer seltener bleiben inspirierende oder gar hoffnungsvolle Sätze bei mir hängen.

Einer dieser Sätze stammt von Kolleg:innen aus Kultur und Medien, die sich solidarisch mit der Journalistin Nemi El-Hassan erklärt hatten, die ihren Job beim WDR trotz öffentlicher Entschuldigungen für die Teilnahme an einer umstrittenen Demo und einiger polarisierender Twitter-Einträge verloren hatte. In einem offenen Brief hatten sie geschrieben: «Es muss Platz für das Eingeständnis von Fehlern, aus denen man gelernt hat, und für Abbitte geben – ohne Gefahr zu laufen innerhalb weniger Stunden vor den Trümmern der eigenen Existenz zu stehen.»

Als ich den Satz las, dachte ich an all die älteren *weißen* Männer, die sich wahrscheinlich angesprochen fühlten. Menschen, denen dieser Tage das Karriereende droht, wenn sie sich mit trotzig rassistischen und sexistischen Kommentaren gegen die Veränderungen der Gegenwart stemmen. Vermutlich waren die Worte meiner Kolleg:innen kaum in ihre Richtung gedacht. Doch sie schienen auch ihnen etwas zuzugestehen: Sie räumten ein, dass Menschen, die nicht *wiederholt* und *strategisch* mit unsensiblem Verhalten auffielen, die Chance auf Rehabilitierung erhalten sollten. Es war ein optimistischer Satz. Ein tröstlicher.

Er schien von der Veränderbarkeit gesellschaftlicher Strukturen *und* individueller Wahrnehmungen zu träumen.

Der Glaube an Entwicklungen dieser Art ist für mich Überlebensmantra in einer ungleichen Gesellschaft. Er beschreibt Lernfähigkeit im Angesicht starrer Strukturen, und auch meiner Familie dient er zur Orientierung. Bis heute müssen wir an manchen Tagen in den Tiefen unseres Selbst kramen, um Verständnis füreinander aufzuspüren. Doch die Vielfalt unserer Erfahrungen quetscht sich nachsichtig in die kleinen Zimmer unseres Reihenhauses.

Ohne die Jahre, die ich dort mit meinen Großeltern, meiner Mutter und Tante verlebt habe, stünde ich vermutlich noch immer ratlos vor dem Schweigen ihrer Generationen. Ohne die Herausforderung, Schwarze und *weiße* Erfahrungswelten unmittelbar nebeneinander erlebt zu haben – mit einer Familie, deren verwobene Vergangenheiten sich immer deutlicher vor mir auftun. «Wenn wir die Vergangenheit ignorieren, laufen wir Gefahr, alte Fehler zu wiederholen», schreibt Audre Lorde. «Der ‹Generationenkonflikt› ist ein wichtiges Werkzeug jeder repressiven Gesellschaft.»

Ich kann mich nicht daran erinnern, dass meine Familie sich die Vergangenheit je wirklich entschlossen angesehen hätte. Wir spürten, ahnten, schwankten zusammen durch unsere Vielfalt. Wir ließen einander sein, machten die Anstrengung, die damit verbunden war, im Stillen aus. Meist war ich diejenige, die das Schweigen durchbrach. Aber auf mühsamen Wegen fanden wir gemeinsam raus – bis zur kräftezehrenden Erkenntnis, dass wir die Welt sehr unterschiedlich wahrnahmen.

Meine Mutter hat erst in vergangenen Jahren gelernt, offen über den Rassismus zu sprechen, der mich seit Kindertagen begleitet. Sie hat es geschafft, ihre verschwiegene Liebe in eine gesprächigere zu verwandeln. Zuvor waren wir sprachlos um mein Schwarzsein gekreist. Wir waren um die mikroskopischen Verletzungen in meinem Alltag geschlichen, die sie nie in vollem Ausmaß sah. Auch um größere Wunden, für die ich mich zu sehr schämte, um sie bloßzulegen. Um meine

Wut, die sich nicht artikulieren konnte und die sie ertrug, weil sie ahnte, dass sie berechtigt war.

Als Erwachsene gehen wir mit ähnlichen Mützen durch die Winter. Wir blinzeln nur noch kurz, wenn blinde Flecken uns blenden. Sind schon länger nicht mehr übereinander gestolpert. Renitent haben wir an unserer Liebe festgehalten.

Bis auf Weiteres bleibt meine Mutter Teil einer übermächtigen Mehrheit – Aufarbeitung hin oder her. Die Welt wird uns weiterhin unterschiedlich betrachten, und wir werden uns entsprechend durch sie bewegen. Doch am Ende wird das allein unser Verhältnis nicht definieren. Am Ende kommt die Asymmetrie unserer Erfahrungen nicht gegen unsere Komplizinnenschaft an. Nicht gegen das gemeinsame Reise-Leben und gegen die Canasta-Runden. Nicht gegen die leise Widerständigkeit, die meine Urgroßmutter vor über hundert Jahren für uns auf den Weg brachte.

Als ich in Kamerun vor dem kleinen Stock stand, den Trixie Munyama mir als performative Geste vor die Füße gelegt hatte, geriet ich ins Schlingern. War es die Abenddämmerung? Der Zweifel der kamerunischen Zuschauerin, die neben mir stand? Die dramaturgisch in Szene gesetzte Trauerfeier? Die Tatsache, dass an diesem Abend Emotionen in Bewegung gerieten, die mich als Schwarze und deutsche Frau betrafen? Ich war mir unsicher, ob ich auf diesem Weg richtig war. «Wer über den Stock steigt, macht einen Schritt in die Zukunft», hatte man mir erklärt. Aber wollte ich in eine Zukunft steigen, in der ich die Vergangenheit zurückließ? Erst nach freundlichen Schubsern von hinten bewegte ich mich weiter.

Als ich sie nach der Performance interviewte, erzählte Trixie Munyama von ihren Eltern, die als Teenager mit der Swapo in den Krieg gegen das Apartheidregime gezogen waren. Sie erzählte von ihrer Kindheit in einem Lager in den Wäldern Angolas. Von Befreiungsideologien und Swapo-Funktionären. Über ihren ersten Besuch in Deutschland und ihre Erschütterung über Armut und Obdachlosigkeit in diesem reichen Land. Wir sprachen über die postkoloniale Gegenwart und Bluthochdruck. Und ich begann zu ahnen, dass Genetik *und* historische Umstände mein Herz in der Hand hielten. Dass zwischen einer Jugend in Volksdorf und einer Woche in Yaoundé eventuell nur ein Stöckchen lag.

Zudem hatte ich Munyamas Ansatz falsch verstanden. Sie hatte die Vergangenheit nie zurücklassen wollen. Auf der anderen Seite des Stöckchens sollte man sie wieder einsammeln. Es ging ihr lediglich um den Moment des Loslassens. Um eine Gegenwart, in der die gemeinsamen Geschichten uns nicht mehr im Weg standen. Sie sagte: «Die Zukunft braucht Narrative, in der wir die Narben der Vergangenheit nicht mehr überschminken.» Und das leuchtete mir ein. Meine Haut neigt ohnehin zur Narbenbildung. Ein familiäres Erbe aus Volksdorf.

KAPITEL 7

Passing

Ich zweifle
an jeder stabilen Form,
die sich selbst
nicht betrügen kann,
um etwas Neues zu erschaffen.

Pegah Ahmadi

Wie schreiben Familiengeschichten sich über Generationen fort? Was geben wir an unsere Kinder weiter? Wie verändert die Familienerzählung sich durch den eigenen Nachwuchs? Fragen, mit denen ich mich durch die Schwangerschaft geschleppt hatte, rückten in den Hintergrund, als mein erstes Kind geboren wurde. Mein Sohn legte einen derart dramatischen Auftritt hin, dass ich alles, was ich in unser zukünftiges Verhältnis hineinprojiziert hatte, vergaß.

Nach Stunden mit trägen Wehen riet meine Hebamme mir zur PDA. Sie beschwor mich, dass es ohne Medikamente eine lange und schmerzhafte Nacht werden würde. Doch ihr Plan ging nicht auf. Nach zwei Versuchen gab die junge Anästhesistin auf, das Mittel wirkte bei mir einfach nicht. Erst Stunden später versuchte eine beherzte Oberärztin es noch einmal und jagte mir die dritte Spritze wenig zimperlich in den Rücken.

Auf einmal kam alles in Schwung. Die Herztöne des Babys schossen durch die Decke. Ein Notkaiserschnitt wurde angeordnet und im letzten Moment wieder verworfen. Kurz vor der OP war bereits ein Kopf zu erspüren, und die Hebamme fand, eine natürliche Geburt sei doch eigentlich auch schön. Als jemand die Saugglocke hochhielt, war mir längst alles egal. Doch mein Sohn kam kräftig und gesund zur Welt.

Wie die meisten Eltern standen mein Mann und ich panisch und planlos vor unserem Baby und hatten keine Ahnung, was es von uns wollte. Wir experimentierten mit Schlafrhythmen, Stillzeiten, Bauchschmerzsalben, und um die Anfangs-Klaustrophobie junger Elternschaft aufzulockern, sprachen wir noch oft von jener Nacht, die unseren Sohn in die Welt geschleudert hatte. Wir unterhielten uns darüber, wie er sich ans Licht gekämpft hatte, wo ihn überglückliche Eltern in Empfang nahmen. Der Spannungsbogen, den er bei seinem Auftritt ins Leben hingelegt hatte, schien ein Vorbote gewesen zu sein. Wahrscheinlich würden Neugier und Abenteuerlust seinen weiteren Weg bestimmen – eine noch nicht auszumachende Vielfalt an Erfahrungen. Auf jeden Fall würde es kein eintöniges Leben werden, das *sahen wir ihm an*.

Wenn Verwandte und Freund:innen zu Besuch kamen, machten auch sie Karrieren in der Astrophysik oder an der Staatsoper in seinem Blick aus. Einige jedoch gingen von den üblichen Schmeicheleien schnell zu einem anderen Thema über: Das arme Kind war ja ganz *w-e-i-ß*. Es hatte schwarze Haare, die Augen dunkelten schnell zu einem wunderschönen Braun nach – aber seine Haut? Die ähnelte der seines Vaters so sehr, dass manche ihre Enttäuschung nur mühsam verbargen. Wo war das niedliche braune Baby, auf das sie sich eingestellt hatten? Es stand zu befürchten, dass es nicht mehr nachdunkeln würde.

Es traf uns erstaunlich unerwartet: wie unkontrollierbar das Thema Zugehörigkeit auch über unsere Kinder hereinbrach.

Schon als mein Mann und ich während der ersten Schwangerschaft durch Südafrika reisten, schien unsere Verbindung zu irritieren. Zurück in Berlin schlug uns der Rassismus nicht so unmittelbar entgegen wie in malerischen Burendörfern. Doch die Uneindeutigkeit der Zugehörigkeiten trieb auch im deutschen Umfeld manche um. Ein *weißer* Vater, eine Schwarze Mutter und mittlerweile zwei Kinder, deren Gene ihren eigenen Weg gehen. Die man im undefinierbaren Raum der Vielfalt verortet, misstrauisch, weil die entsprechenden Schubladen fehlen.

«Ist das dein Kind?», war die harmlosere Ausprägung jener «Racial Ambiguity», die sich auf leisen Sohlen in unser Leben geschlichen hatte. Die betrunkene Frau, die mich vor Jahren mit Kind auf dem Arm in der Tram ankreischte, ich solle das arme «deutsche Baby» loslassen, zeigte mir die Furchteinflößenderen. Hätte ich an den Mythos der farbenblinden Gesellschaft geglaubt, hätte er sich mit der Geburt unserer Kinder ein für alle Mal erledigt. Mit ihrer Existenz wurde uns das Thema neu vorgelegt.

Bevor ich Mutter wurde, hatte ich es gelegentlich verdrängen können. Leidlich flexibel bewegte ich mich durch rassistisch geprägte Welten, schrieb und sprach über Exklusion und Othering, reiste ins Anderswo, wenn mich der Anpassungsdruck in der Nähe zu sehr bedrückte. Doch plötzlich war ich an eine Infrastruktur aus Kitas, Schulen, Kinderärzt:innen und Eltern-Netzwerken gebunden. Und anders als für befreundete Mütter in meinem Umfeld schien sich die Stadt vor meinen Augen zu verengen.

Bis zu unserer Elternschaft hatten mein Mann und ich mit unseren Differenzen vor allem Freund:innen amüsiert. Wir lebten in einer Welt der Unterschiede: Seine Unordnung prallte auf meine Strukturiertheit, meine punktuellen Privilegien auf sein Superprivileg – männlich, hetero, cis, *weiß* und aus wohlhabender Familie. Extrovertiert und introvertiert, zaudernd und mit dem Kopf durch die Wand hatten wir uns in einer Partnerschaft gefunden, die unser jeweiliges Tempo auf die Probe stellte. Neugierig bis verzweifelt standen wir voreinander, wenn unsere Lebenserfahrungen wieder mal den Weg in den Dialog versperrten. Entdeckten nur langsam die Gemeinsamkeiten, die wir von Anfang an erahnt hatten. Wir ignorierten die Differenz, wenn sie sich allzu aufdringlich zwischen uns schob. Doch auf einmal war es nicht mehr damit getan, sich irritiert abzuwenden, wenn das Verständnis für den Anderen ausblieb. Plötzlich waren wir verantwortlich dafür, unseren Kindern eine Welt voller realer und zugeschriebener Unterschiede zu erklären.

Es gibt Stunden, Tage und Wochen, in denen wir die Fremdheit aneinander nur mit Mühe ertragen. Manchmal erinnert er mich in diesen Momenten an Erfahrungen, die ich in Volksdorf zurückzulassen glaubte. In anderen Momenten provoziere ich ihn so sehr zur Auseinandersetzung, dass er sich still zurückzieht. Nicht immer kann ich damit umgehen, wenn er die emotionalen Blessuren aus Kindertagen vor mir ausbreitet, wenn er ansonsten doch alles zu haben scheint. Es brauchte Jahre, bis ich genauer ausmachen konnte, wie unsicher wir uns beide entlang gesellschaftlicher Gräben und Grenzen bewegten. Wie flexibel unsere Wahrnehmungen werden mussten, um Raum für Gemeinsames zu schaffen.

Die Auseinandersetzungen auf dem Weg dorthin waren nicht schmerzlos. Vielleicht haben wir sie nur deshalb überstanden, weil sie mit Kindern alternativlos schienen. Vielleicht auch, weil wir im Anderen Teile von uns selbst erkannten. Zusammen lernten wir, wie dicht Haltlosigkeit und Beweglichkeit, Neugier und Skepsis beieinanderlagen, wie kompatibel unsere Wahrnehmungen am Ende doch waren. Wir sahen einander dabei zu, wie neuentdeckte Fragmente unserer Identitäten an alten vorüberzogen: *Passing*.

Ich war siebzehn oder achtzehn Jahre alt, als ich den Roman von Nella Larsen in einem Hamburger Buchladen entdeckte. Der Laden lag in der Innenstadt, und jeder Besuch war die 45-minütige Fahrt mit der U-Bahn wert. Bücher von Maya Angelou und Alice Walker lagen in dem kleinen Raum, der mein Fenster zu einer neuen Welt wurde. Ich wusste nicht, wer Nella Larsen war. Doch die Frau, die auf dem Buchcover so skeptisch zur Seite blickte, als könne sie niemandem trauen, faszinierte mich. Ihr Blick und ein Sammelband mit ihren Geschichten reisten mit mir nach Köln, London und Berlin. Doch den einen, für mich entscheidenden Roman las ich erst viele Jahre später.

«Passing» erzählt von Zugehörigkeit und Verortung im Leben zweier Schwarzer Frauen, die als *weiß* gelesen werden. Die Geschichte spielt in New York, während der Harlem Renaissance, und beschreibt ein Phänomen, das vor allem in der US-amerikanischen Literatur bis heute ein wiederkehrender Topos ist: das sogenannte *Passing*.

Irenes Leben ist auf den ersten Blick das aufgeräumtere. Sie ist mit einem Arzt verheiratet, verkehrt mit anderen Schwarzen Intellektuellen und ist sehr auf ihren Status in der Community bedacht. Die mittelständischen Annehmlichkeiten ihrer Kindheit scheinen sich im Erwachsenenalter fortzusetzen. Doch da ist eine Unruhe, die zum Vorschein kommt, als sie ihre Kindheitsfreundin Clare nach zwölf Jahren wiedertrifft, die mittlerweile als *weiße* Frau lebt.

Clare stammt aus ärmeren Verhältnissen. Doch in der Gegenwart ist sie mit einem wohlhabenden *weißen* Mann verheiratet, der aufgrund ihres Aussehens zunächst nichts von ihrer Herkunft ahnt und seinen Rassismus offen zur Schau stellt. *She has passed*: von der Arbeiterklasse in den Mittelstand, vom Leben einer armen Schwarzen Frau in das einer wohlhabenden *weißen*. Sie hat ihr altes Leben und die damit verbundenen Entbehrungen ebenso abgelegt wie große Teile ihrer Identität. Die Geburt der Tochter war eine letzte Zitterpartie gewesen, ein Gen-Roulette, bei dem sie hätte auffliegen können. Doch auch diese Situation geht auf. Aufgeregt erzählt sie Irene davon, nachdem die beiden sich zufällig im Café eines Hotels begegnet sind.

Irene ist fasziniert und angewidert zugleich und hält die einstige Freundin, die ihr fremd geworden ist, zunächst auf Abstand. Doch auf Clares Initiative begegnen die beiden Frauen sich ein ums andere Mal wieder. Clare bewegt sich behände zwischen den Milieus. Sie sehnt sich nach Kompliz:innenschaft in Irenes Schwarzem Umfeld, versteht sich bestens mit deren Haushälterin, die sie an die eigene Kindheit erinnert. Doch man ahnt bereits, dass ihr immer erratischeres Weltenwechseln in einer Bruchlandung enden wird.

Im Laufe der Geschichte stellt sich heraus, dass Irene, die sich an der Starrheit ihrer sozialen Grenzen festhält, nicht weniger leidet als Clare. Irene, die sich in das Entweder-oder ihres Lebens gefügt hat, kann die Entschlossenheit, mit der Clare sich in ihren Alltag gedrängt hat, kaum ertragen. Die emotionale Unordnung, die sie durch Clare erfährt, hat in ihrem respektablen Schwarzen Umfeld kaum Platz. Und so ist Irene nicht nur unglücklich über den dubiosen Unfalltod, den die Freundin schließlich erleidet.

Der Roman ist knapp 100 Jahre vor all den autobiografischen Erzählungen erschienen, die heute offen über das *Passing* zwischen sozialen Welten und Identitäten berichten. Am Ende hat keine der beiden Frauen sich über die gesellschaftlichen Konventionen hinwegsetzen können, die ihnen Zeit und Umfeld auferlegt haben. Clare ist zwischen Milieus und Gefühlen gewandelt, durch eine Welt, in der soziale Beweglichkeit ein schöner Traum blieb. Bis zum Schluss hat sich ihr *Passing* im Verborgenen abgespielt. Die Voraussetzung für ihr Leben zwischen den Welten war, dass es ein Geheimnis bleiben musste.

In vergangenen Jahrzehnten sind verschiedenste literarische Variationen zum Thema erschienen. Philip Roth behandelte Formen des *Passings* in den frühen Nullerjahren in «Der menschliche Makel». Brit Bennett beschrieb sie 2020 in «Die verschwindende Hälfte». Auch Mithu Sanyals «Identitti» kreist um die Uneindeutigkeit «ethnischer» Herkunft und sozialer Zugehörigkeit. Aber Larsens Geschichte klingt noch immer besonders in mir.

Vielleicht ist es die eindrückliche Verzahnung von Zerrissenheit und Flexibilität, die sie beschreibt. Ich erkenne beide Phänomene wenn ich meine Kinder dabei beobachte, wie sie sich zwischen Welten bewegen, die anderen noch immer unvereinbar erscheinen. Wenn sie die Ferien mit einem Großvater verbringen, der im zehn Quadratmeter kleinen Hostelzimmer in Andalusien lebt und andere Großeltern in der exklusiven deutschen Vorstadt besuchen. Wenn sie Cousinen und Cousins treffen, die im diasporischen Bewusstsein im Londoner Norden aufwachsen. Im Wissen, dass andere Verwandte in kleinen Dörfern in Äquatornähe leben.

Wie Clare werden meine Kinder von den meisten Menschen als *weiß* gelesen. Doch die Verbindung zu ihrem guineischen Großvater bleibt selbstverständlicher Teil ihres Lebens. Ihre Herkunft ist kein Geheimnis – aber ihr Aussehen sprengt nicht selten den Rahmen, wenn es darum geht, Europa und Afrika zusammenzudenken.

Bislang wandeln sie in argloser Neugier zwischen den Welten. Sie sind jung und Teil einer internationalen Familie, der man – schon wegen des Klassenhintergrunds – oft wohlwollend begegnet. Doch eines Tages werden sie realisieren, dass das Passieren und Durchbrechen von Zugehörigkeiten vielerorts als bedrohlich wahrgenommen wird.

Sie wachsen in Zeiten auf, in denen Konfliktlinien sich verhärten, weil Vielstimmigkeit im Dialog die Toleranz erst wirklich herausfordert. Sie werden täglich konfrontiert mit einer kakophonischen Meinungsvielfalt, mit nanosekündlicher Informationsbeschallung, drängenden sozialen Fragen, politischen Krisen, Pandemien und dem drohenden Klimakollaps. Sie leben zwischen Erwachsenen, die angespannt versuchen, sie unfallfrei durch eine Welt zu navigieren, um die sie sich in wenigen Jahren kümmern müssen.

Aktuell profitieren in dieser Welt ein paar wenige von Möglichkeiten, während andere auf solche hoffen. Auf allen Kontinenten träumen Menschen davon, still und leise von «der einen» auf «die andere» Seite hinüberzuwechseln. Meist leben diese Träumenden an Orten, wo Ausgrenzung, Chancenlosigkeit, strukturelle Gewalt und Diskriminierung das Leben bestimmen. Wo Versuche, sich der Hoffnungslosigkeit zu entziehen, scheitern, und wo die Scham über das Scheitern die Verzweiflung verstärkt.

Der Wunsch, die eigene Perspektivlosigkeit zu überwinden, sich in einem hoffnungslosen Leben selbst zu überholen, endlich auch einmal zu bestehen, durchzukommen, es hinzukriegen, dazuzugehören – all dies steckt im Begriff *Passing*.

Für mich beschreibt der Begriff heute jedoch auch die Sehnsucht, den Anpassungsdruck zu überwinden, der zu den Erfahrungen von Nella Larsens Figuren gehörte. Er beschreibt das Ankommen in Räumen der Durchlässigkeit, des Austauschs und der radikalen Zärtlichkeit, in denen sich die Beweglichkeit von Geschlecht, Klasse und anderen Zugehörigkeitsmarkern zeigen darf. Wo *Passing* nicht mehr als «Prestigegewinn» betrachtet wird und wo kapitalistische, heteronormative oder *weiße* Standards nicht mehr als Projektionsflächen der Zugehörigkeit taugen.

Ist es am Ende nicht einfach die Angst vor Exklusion, Einsamkeit und Verlust, die das vermeintlich Fremde in vorauseilender Anpassung wegdrängt und persönliche Komplexität leugnet? Die uns den Blick auf neue Realitäten verstellt? Die nicht wahrhaben will, wie sehr wir alle längst Teil zahlloser fremder Welten sind?

Ich bewahrte mein spärliches Wissen über Äquatorialguinea als Kind in einer der hintersten Gedankenschubladen auf. Schon die wenigen Informationen, die ich über meine Familie hatte, kollidierten mit den Fremdheitsbildern, die sich in meinem Umfeld festgesetzt hatten. Wer war ich, dass ich diese Wahrnehmungen ins Wanken bringen sollte? Afrika war kein Land, das ahnten die meisten. Doch ein detaillierter Blick auf jahrhundertealte Kulturen und koloniale Grenzziehungen war noch zu viel verlangt.

Ist es die Tatsache, dass man mir die Verbindung zu Afrika ansieht, oder ist es die Verbindung, die ich zur Heimat meiner Familie suche? Wahrscheinlich bedingt beides die unsicheren Versuche, meinen Kindern heute das komplexe Bild eines riesigen Kontinents vermitteln zu wollen. Ihnen zu erklären, dass er auch sie auf Umwegen prägt. Dass er ihre Wahrnehmung und Selbstwahrnehmung beeinflussen wird, sobald sie ihn besser kennenlernen.

2015 hatte eine junge Bloggerin aus Botswana den Versuch unternommen, sich ihrer Heimat spielerisch zu nähern. Sie hatte die Frage «What if Africa was a Bar?» ins Netz gestellt, und die Flut der Antworten war überwältigend gewesen. «Wenn Afrika eine Bar wäre», war als Antwort auf Siyanda Mohutsiwas Frage zu lesen, müsste das brave Botswana immer um zehn zu Hause sein. Lesotho wäre die eine Person, die keiner wirklich kennt und die trotzdem auf jedem Bild auftaucht. Mauritius, die Seychellen und Kapverden säßen in der VIP-Lounge, um über die anderen zu lästern. Kenia würde zu später Stunde besoffen mit seinem Cousin Barack prahlen, der es in den Staaten geschafft hatte. Und der Barmann würde sich für den Tisch mit den lauten Nigerianer:innen entschuldigen, die den Laden finanziell am Laufen hielten.

Etliche Klischees wurden über Mohutsiwas Hashtag durchs Netz gespült. Allerdings nicht, um in überheblichen Zuschreibungen zu verharren. Nein, Mohutsiwa diskutierte mit jungen Menschen zwischen Casablanca und Kapstadt über den panafrikanische Gedanken. Über Politik, Wirtschaft, Korruption und die Konstruktion des Nationalstaates, die aus afrikanischer Perspektive auch auf kolonialen Grenzziehungen basiert. Über die Tatsache, dass sie selbst viel zu wenig übereinander wussten.

Ihr Blick auf den Kontinent sprach auf überraschende Weise zu mir. Er spiegelte eine Sehnsucht nach Verbindung, die auch mich umtrieb. Im Raum zwischen Europa und Afrika fanden meine eigenen Suchbewegungen statt. Und sie befeuerten die Hoffnung, dass afropäische Realitäten auch vor fremdelnder deutscher Kulisse eines Tages selbstverständlich erscheinen würden.

Bislang bleibt mein Blick auf den Kontinent ein flüchtiger, mein Verhältnis zu Äquatorialguinea ein distanziertes. Eine Annäherung, die auf halbgaren Recherchen und einem Flughafenaufenthalt basiert. Ich nähre sie mit den Kindheitserinnerungen meines Vaters und durch sehr sporadische Kontakte zur Verwandtschaft vor Ort. Intellektuell hatte ich die Distanz zu ihnen vor Jahren durchbrochen. Emotional aber rauscht das Fremdeln meines Vaters so laut durch meine Wahrnehmung, dass auch ich mich längst wieder zurückgezogen habe.

Zuletzt hat ein Comic von Jamon y Queso mich an Malabo erinnert. Unter dem Pseudonym «Schinken und Käse» veröffentlicht der Cartoonist Ramón Esono Ebalé Kommentare zur politischen Lage im Land. 2018 war er in Malabo verhaftet worden und nur auf internationalen Druck wieder freigekommen. Anscheinend war der Comic «Obi's Nightmare» der Tropfen gewesen, der das Fass zum Überlaufen gebracht hatte. Im Buch wurde ein Politiker-Alptraum skizziert: Wie der restliche «Pöbel» musste der Protagonist sich durch einen Alltag aus Armut und Repressionen quälen, den seine eigene Regierung verschuldet hatte. Die Aufforderung, über jene Regierung zu lachen, die nach Jahrzehnten noch immer Angst und Schrecken verbreitet, war im Land allerdings nicht gut verkäuflich. Erst ein kleiner Verlag in Los Angeles hatte das Buch schließlich herausgebracht.

Vielleicht wird es eines der ersten Bücher sein, das meine Kinder über Äquatorialguinea lesen. Bilder von atemberaubenden Stränden, dem Regenwald und seiner riesigen Biodiversität kennen sie bereits. Aber ich will ihnen nicht die Illusion des abgelegenen Inselparadieses vorgaukeln. Und vielleicht ist Ebalés Geschichte genau die richtige, um sich dem Land zu nähern. Er teilt nicht aus, um mit Äquatorialguinea abzurechnen. Er beschreibt eine problematische Gegenwart, weil er darauf hofft, eines Tages aus dem Exil zurückkehren zu können.

Auch Siyanda Mohutsiwa lebt heute außerhalb Afrikas. Ebalé und sie gehören zu einer weltweit wachsenden afrikanischen Diaspora. Zu einer riesigen Gruppe von Menschen, die sich durch Flucht und Migration zwischen dem afrikanischen Kontinent und dem Rest der Welt bewegen – *Passing through.*

Die Gegenwart in ihren Geburtsländern erzählt viel über die Ambivalenz der postkolonialen Erfahrung, über moderne Migrationsbewegungen, globale Ungleichheit und den ständigen Austausch mit Europa. Über ein geografisches, familiäres, psychisches und intellektuelles Dazwischen.[1]

Als ich vor kurzem ein Foto des Künstler:innen-Kollektivs Mwangi Hutter sah, schien es mein eigenes Gefühl von Verortung exakt zu beschreiben. Das Bild zeigt vier Schwarze Kinder, die – irgendwo im Nirgendwo – auf einem alten Container sitzen. Ihre Beine baumeln über dem mit Farbe aufgemalten Wort «Deutschland». Ein ebenfalls gemaltes Hakenkreuz darunter ist mit Sprühfarbe durchgestrichen worden. Das Werk trägt den Titel «Homeland». Es verweist auf Lebensräume voller vermeintlicher Gegensätze. Setzt den komplexen Begriff *Homeland* ins Zentrum eines Raumes, in dem sich «ethnische» und nationale Identitäten ausdehnen und vervielfältigen können. Ich muss nur einen kleinen gedanklichen Umweg gehen, um meine eigenen Kinder auf dem Bild zu sehen. Um ihre komplexen Erfahrungen als Deutsche hineinzulesen – jene *Racial Ambiguity,* von der Nella Larsen in ihrem Roman erzählt.

Als die britische Regisseurin Rebecca Hall vor Jahren plante, Larsens Roman zu verfilmen, legte die Arbeit an der Geschichte auch persönliche Details zu ihrer Herkunft offen. Als Tochter eines britischen Regisseurs und einer US-amerikanischen Opernsängerin wuchs sie im Glauben auf, ein privilegiertes *weißes* Leben in kreativer oberer Mittelschicht zu führen. Das meiste daran stimmte. Und vielleicht hätte sie es nie hinterfragt, wenn das Schweigen ihrer Mutter sie nicht so irritiert hätte. Es gab Gerüchte, dass Vorfahren ihrer Mutter versklavt gewesen waren. Doch in der Familie wurde nie darüber gesprochen.

Tatsächlich war Halls Urgroßvater als Kind versklavter Eltern zur Welt gekommen. Er schaffte es, Arbeit in US-Regierungskreisen zu finden, pflegte Kontakte zu Schwarzen Intellektuellen wie Frederick Douglass. Doch sein Sohn traf die Entscheidung, zu *passen*. All dies kam ans Licht, nachdem die Regisseurin an der Fernsehserie «Finding your Roots» teilgenommen hatte. Ein Format, in dem der Harvard-Professor Henry Louis Gates Jr. Familienforschung für prominente Menschen betreibt. In einem Interview erzählt Hall davon, wie sie ihrer Mutter die Aufzeichnung zeigte und zum ersten Mal ein Gespräch über Colorism und *Race* innerhalb der Familie in Gang kam. Über die fehlenden Teile ihrer Biografien und die Frage, warum ihr Großvater sich entschieden hatte zu *passen*.[2]

Als ich meine Mutter, meine Tante und meinen Vater bat, mir aus ihrem Leben zu erzählen, war ich überrascht, wie schnell sie einwilligten. Das Offenlegen mancher verschütteter Geschichten schien sie kaum zu beunruhigen. Vielmehr schien es, als wären sie nach langem Schweigen froh, das eine oder andere endlich loszuwerden. Zutraulich ließen sie sich auf Gespräche ein, interpretierten alte Geschichten neu und erzählten einige, die ich noch gar nicht kannte.

Nach Jahren der Einsilbigkeit ließen sie Familienerzählungen auf mich wirken, neugierig, was ich daraus machen würde. Erst beim Schreiben bemerkte ich, wie sich eine Schwere aufhob, die mich zuvor anscheinend begleitet hatte. Eine Last, die vielleicht auch sie mit sich herumschleppten.

Lange hatte die Entwurzelung meines Vaters auch mich aus der Balance gebracht. Lange hatte ich ein Gefühl von Unzugehörigkeit fortgeschrieben, anstatt mich mit ihm darüber auszutauschen. Dieses Gefühl verband sich mit dem Schweigen meiner deutschen Großeltern, das sich über meine Mutter und meine Tante auf mich übertragen hatte. Und es gab eine Zeit, in der ich vor all dem Reißaus nahm.

In meiner Kindheit fanden die Ausbruchsversuche oft mit dem Fahrrad statt. Mit einem Freund machte ich mich in Grundschultagen regelmäßig auf den Weg. Gegenseitig stachelten wir uns zu immer neuen Touren an. Nach dem Mittagessen stiegen wir aufs Rad und fuhren los. So lange, bis wir uns sicher waren, dass uns nichts mehr an unseren Alltag, an die Familie und die Nachbarschaft erinnerte. Erst als wir die Orientierung komplett verloren hatten, erfragten wir den Weg zurück.

Wir fuhren durch die Walddörfer, vorbei am geheimnisvollen Timmermoor und durch Sozialbausiedlungen, die an Straßen mit üppigen Einfamilienhäusern grenzten. Auch ohne Helikopter-Eltern wussten wir, dass wir Verbotenes taten. Doch der Reiz des Unbekannten schien im überschaubaren Vorstadtmilieu unwiderstehlich.

Wenn Ausflüge durch die Peripherie nicht mehr ausreichten, träumte ich mich weiter weg. Ich packte meinen Rucksack für den Sommer bei meinem Vater. Ich wälzte meine Sammlung an Reisekatalogen. Oder wühlte in den Fotokisten meiner Großmutter die Vergangenheit durch. Auch ihre Mutter war leidenschaftliche Radfahrerin gewesen. Ich sehe sie vor mir, wie sie meinen Urgroßvater – vor der Hochzeit – zu einer Tour durch England überredet. Wie sie erhobenen Hauptes auf der Volksdorfer Hauptstraße an den paar Häusern vorbeiradelt, die vor über hundert Jahren schon standen. Was ich nicht sehe: wie groß *ihr* Wahrnehmungsradius damals war.

Sah sie sich als Hamburgerin, als Deutsche, Europäerin? Wie präsent waren ihr die Verbindungen zu anderen Weltregionen? Ahnte sie, dass der Krieg, der die Welt erschütterte, als sie in Volksdorf lebte, auch an Orten wie Tansania und Kamerun desaströsen Schaden anrichtete? Kümmerte es sie im Nachgang, wie viele Menschen aus den Kolonien nach Europa geholt worden waren, um einen fremden Krieg zu kämpfen? Wie viele Menschen gestorben waren, weil auf kolonialen Gebieten Stellvertreterkriege stattgefunden hatten? Gab es irgendwo in ihrem Vorstellungshorizont einen Raum, in dem sie sich eine Schwarze Urenkeltochter vorstellen konnte? Wie sehr prägen ihre Erfahrungen bis heute auch meine?

In unserem Haus, das ihrem alten fast gegenüberlag, schienen Offenheit und Flexibilität grenzenlos. Doch sie reichten kaum bis vor die Haustür. Bis auf die energischen Auftritte meiner Großmurrer blieb die familiäre Aufgeschlossenheit ein wohlgehütetes Geheimnis. Das unbequeme, ungleiche, diskriminierende Außen hatte im Gegenzug kaum eine Chance, sich bei uns auszubreiten – denn es wurde stillschweigend ignoriert. Da stand ich nun also: mit einer verwegenen Familie, die ihre Unkonventionalität verschwiegen auslebte und mich einer Welt überließ, die sich nach klaren Verhältnissen sehnte.

Wenn ich meinem Vater heute erzähle, dass mir eine Therapeutin dabei hilft, mein kompliziertes Leben zu entwirren, zählt er innerlich die Tassen, die ich noch im Schrank habe. Aber ich könnte schwören, dass er sich gedanklich Notizen zu allem macht. Meine Tante legt bei allzu persönlichen Telefonaten gerne unvermittelt auf. Nur um beim nächsten Gespräch damit zu verblüffen, dass sie alles genau gehört hat. Meine Mutter erstickt Emotionen nicht selten im Keim und reagiert Stunden später mit liebevollen Textnachrichten und raffiniert eingesetzten Emojis.

Keiner dieser drei Querköpfe geht damit hausieren, wie viel Empathie und Durchlässigkeit sie sich im Laufe der Zeit antrainiert haben. Erst recht nicht damit, dass sie selbst sich oft unverortet fühlen – durch Diskriminierung, Distanz zur alten Heimat oder zur eigenen Familiengeschichte.

Nur auf Aufforderung blicken sie auf die feingliedrigen Verbindungen, die sich zwischen ihrem Leben und der Welt auftun. Die Betroffenheit, die sich an manchen Stellen daraus ableiten könnte, bleibt ein Gefühl, das ihnen fremd ist. «Was soll Jammern bringen?», fragen sie. Und nehmen damit unbewusst die Haltung jener an, die «das Jammern» auch öffentlich beklagen. Die Betroffenheit kämpft derzeit mit ihrem Image. Nicht selten wird sie in Identitätsdebatten benutzt, um den vermeintlich emotionalen oder gar irrationalen Ansatz verschiedenster Minderheiten zu untermauern. Immer wieder wird sie vorgeschoben, um die vermeintlich fehlende Ratio in manchen Diskussionen auszustellen.

Dabei ist Betroffenheit bei aller Erschütterung, Furcht und Hilflosigkeit, die in der Wortbedeutung stecken, doch eigentlich auch dieses: die schlichte Sichtbarmachung von Erlebnissen und Berührungspunkten, die uns mit der Welt verbinden. Das Überlappen persönlicher und kollektiver Erfahrung, die oft nur schwer voneinander zu trennen sind.

Während ich die letzten Absätze dieses Buches schreibe, erhält meine Mutter eine völlig unerwartete Krebsdiagnose. In den letzten Monaten war sie am Schreibtisch, in der Bibliothek, in Gedanken besonders dicht bei mir gewesen. Die Vorstellung, diese Präsenz könne verblassen, schiebt sich über die letzten Tage meiner Arbeit am Buch. Hektisch lässt ihr Befund mich die Zelte in Berlin abbrechen, treibt mich zum Bahnhof, nach Volksdorf – in ihre Nähe.

Was wir in den Tagen nach der Diagnose erleben, ist eine aufreibende Mischung aus Niedergeschlagenheit und Spaß. Wir werden kochen, spazieren gehen, lachen, schlecht schlafen, immer wieder den seitenlangen Befund und die zig Gutachten lesen, hinter der ihre Zukunft sich für uns verschlüsselt verbirgt.

Warten sei das Definitionsmerkmal der Machtlosigkeit in modernen Zeiten, schreibt Masha Gessen. Und tatsächlich ist es das Warten auf Neuigkeiten, das am meisten Nerven kostet. Das Nichtwissen, die Hilflosigkeit – *The Passing of Time*. Vielleicht hatte ich mir die verschiedenen Lesarten des Begriffs unbewusst vom Leib gehalten und mich auf Nella Larsens Auslegung konzentriert. Doch jetzt fliegt mir die vielfältige Bedeutung jenes *Passing* mit Macht um die Ohren. Es zeigt sich im Warten wie in der Angst vor dem Verschwinden. In der Fragilität einer Existenz – in meiner Mutter.

Ich bemerke es, wenn ich mich aufs Rad schwinge, um im Volksdorfer Zentrum einzukaufen. Wenn ich für Erledigungen durch die Nachbarschaft radle, am alten U-Bahnhof ein- und aussteige, um ins Krankenhaus zu fahren: wie die Erinnerungen an mir vorbeiziehen. Ich stehe am Küchenfenster, schwinge wie einst meine Großmutter den Kochlöffel. Ich winke Nachbar:innen zu, so wie sie es getan hätte – nur der Mariacron fehlt.

Ich koche, sauge, räume auf, und meine Mutter lässt mich. Es ist keine neue Abhängigkeit, die sich auftut – es ist ein Loslassen. Es ändert nichts an der schrecklichen Vorstellung, dieses Mal könnte der Krebs sie mitnehmen. Daran, wie eng wir im Alltag miteinander verbunden sind. Doch es zwingt mich, Volksdorf aus neuer Perspektive zu betrachten: als Erwachsene.

Als meine Großeltern starben, wirkte die Starrheit des Hamburger

Vororts erdrückend. Die Vorstellung, ihn jemals ohne die verschworene Zweisamkeit mit meiner Mutter zu erleben, schien lange undenkbar. Doch auf einmal bewege ich mich, ohne anzuecken, durch die Straßen um die Weiße Rose. Der Laden, in dem ich ein Muttertagsgeschenk kaufe, ist zum rührigen Nachbarschaftstreffpunkt geworden, wo mehr gequatscht als gekauft wird. Der Handleser, der mich um ein paar Euro anschnorrt, um danach etwas über meine Work-Life-Balance zu erzählen, wirkt kaum noch deplatziert. Alte Nachbar:innen, die ich auf dem Weg ins Dorf treffe, freuen sich über die Begegnung, als hätten sie mich jahrelang vermisst.

Zum Glück muss ich mir den Ort noch immer nicht ohne meine Mutter vorstellen. Aber während meiner Besuche kann ich mich zaghaft auf das Durchscheinen seiner Herzlichkeit einlassen. Offenbar hatten Ausgrenzung und Othering mich so lange verunsichert, dass ich die freundlichen Seiten der alten Heimat verdrängt hatte. Dass ich jahrzehntelang warten musste, bevor ich beim alten Haus meiner Urgroßeltern klingelte. Dass ich die fehlende Auseinandersetzung mit meinem Schwarzsein im Stillen kompensierte.

In verschiedenen Stadien des Schreibens verfolgte mich der Ausspruch «Farbe bekennen». Von welchen Farben war da eigentlich die Rede? Wozu galt es sich zu bekennen? Wie sich herausstellte, auf etwas, das mir sehr vertraut war. Im 18. Jahrhundert hatte die Redensart «Farbe bekennen» sich im Kartenspiel etabliert. Sie beschrieb den Vorgang, bei dem eine ausgespielte Kartenfarbe mit einer gleichen bedient werden musste. Sie war Teil meiner Volksdorfer Patience-Vergangenheit. Doch ich war mir nicht sicher, ob mir die symbolische Eindeutigkeit an ihr gefiel.

Wenn May Ayim, Katharina Oguntoye und Dagmar Schultz den Ausspruch als Titel nutzten, um die Geschichten Schwarzer deutscher Frauen sichtbarer zu machen, leuchtete mir das ein. Doch die landläufige Lesart von «Farbe bekennen» bedeutet nicht nur, zu etwas stehen, sondern auch, sich deutlich zu positionieren. Zu Beginn dieses Buches hatte ich mir vorgenommen, Verbindungen und Knoten zu entwirren, die meinen unmittelbaren Alltag ausmachten. Im besten Falle sollten sich neue Haltungen zu alten Fragen herausschälen, neue

Gewissheiten in Bezug auf Gemeinschaft und Kollektivität entwickeln. Doch die verlässlichste Gewissheit, die ich eingesammelt habe: Es gibt so gut wie keine. Die nahe Fremde, durch die ich mich stolpernd und tastend bewegt habe, ist von Grauzonen durchzogen, die sich der Eindeutigkeit verweigern. Allein die Solidarität mit dem Unbekannten scheint den genauen Weg zu kennen.

Und doch bleibt es unwahrscheinlich, dass die Menschen, denen ich bei der Arbeit an diesem Buch begegnet bin, sich in absehbarer Zeit fremdheitlich verbunden in den Armen liegen. Zu groß scheint die Sehnsucht, überschaubaren Gruppen anzugehören und das Leben mit denjenigen zu verbringen, deren Interessen man teilt. Das Bedürfnis nach ökonomischen, sozialen und anderen Schicksalsgemeinschaften. Aber wie lange kann diese Abschottungslogik aufgehen? Wie lange, bis das Leben in kulturellen und sozialen Blasen, in starren Wohnumfeldern, Beziehungskonstellationen und hinter Festungsmauern uns um die Ohren fliegt?

In den kommenden Jahren werden viele Menschen aus Äquatornähe und anderen Weltregionen in kühlere Gefilde aufbrechen müssen, da ihre Lebensräume bis dahin unbewohnbar sein werden. Migrationsbewegungen werden zunehmen, soziale Spaltungen und Spannungen weiter Druck aufbauen, Klima und Ressourcenmangel werden uns dabei alle spürbar auf Trab halten. Verdrängen wir die globalen Zusammenhänge aktueller und bevorstehender Krisen, werden sie uns mit noch größerer Härte erwischen als schon jetzt. Die Unwucht, mit der Menschen in verschiedenen Weltregionen von Ressourcenknappheit, Pandemien und Klimakatastrophen betroffen sind und ihnen begegnen müssen, tritt bereits überdeutlich zu Tage. Mittel und Möglichkeiten, die in Berlin reichlich und in Malabo spärlich vorhanden sind.

Auf längere Sicht wird uns Menschen nichts anderes übrig bleiben, als die radikale Annäherung an das Unbekannte zu erproben. Die Verbindung zu Lebenswelten, in denen wir uns bislang nicht auskennen, gedanklich aufzusuchen, uns an Realitäten zu gewöhnen, in denen unser Wissen, das antrainierte Alltagsverhalten und die eigene Weltanschauung an Grenzen kommen.

Ich habe das Welterkunden lange mit Flughäfen, Bahnhöfen, Bussen oder Autos verbunden. Mit der Bewegung ins Unbekannte, das außerhalb des Alltags lag. Dem Anderswo, das sich mit jenem Teil meiner Identität verband, der sich außerhalb des Vertrauten wohler fühlte.

Es war ein aufschlussreicher Moment, als die Bewegungsräume im Alltag schrumpften. Als es durch Corona nicht mehr möglich war, einfach abzuhauen oder in der Stadt unterzutauchen – als ich Orte der versperrten Zugänge erlebte. Auf einmal teilten alle das Gefühl der Bewegungslosigkeit. Nicht mehr nur diejenigen, vor denen die Stadt sich schon immer verschlossen hatte. Auf einmal wurden die Einschränkungen von Menschen deutlich, die lange vor Covid in Berlin Zuflucht und Schutz vor einem härteren Alltag gesucht hatten. Die Ausgangssperren und unüberwindbare Grenzen kannten und schon lange von Unsicherheit begleitet wurden. Für sie gehörte die Starrheit, die ich während der Lockdowns erfuhr, längst zum Leben.

Ich blicke heute aufmerksamer auf die Fremdheit in meinem direkten Umfeld, aber wahrscheinlich übersehe ich noch immer stoisch Nachbar:innen, wenn meine Gedanken sich jenseits der Bezirksgrenzen befinden. Vielleicht schreibe ich weiterhin an manchen Leuten vorbei, die ich eben noch interviewt habe. Vielleicht verschanze ich mich in temporären Fluchten. Doch immer öfter reißen die Menschen in direkter Nähe Löcher in meine Absenz. Sie erinnern mich daran, wie wichtig es ist, Rückzugsreflexe zu überdenken, Grenzen zu überschreiten, über den verfluchten Tellerrand zu sehen.

Zunächst waren es Vögel, die ich während der Pandemie neu entdeckte. Nebelkrähen, die sich im Frühjahr mit den Elstern anlegten, weil sie um Brutreviere kämpften. Mauersegler, die im Mai aus dem Süden zurückkamen und sich in den Ritzen vom Haus gegenüber einnisteten. Winzige Bewegungen, die vor meinem Fenster stattfanden, die vorbeizogen und flüchtig blieben.

An einem kalten Herbsttag stand ich unten bei uns im Hof. Nur ein Freund meines Sohnes war noch da und warf lustlos einen Ball an die Hauswand. Auf einmal hörten wir ein ungewöhnliches Geräusch. Ein riesiger Trupp Kraniche kreiste über unserem Haus.

Sie hatten bereits eine lange Strecke zurückgelegt und noch einiges vor sich. Wahrscheinlich kamen sie aus dem Baltikum und passierten Deutschland auf dem Weg nach Frankreich oder Spanien. Zwischendurch machten sie im Berliner Umland Rast, erholten sich auf abgeernteten Maisfeldern und erfreuten sich am guten Nahrungsangebot. Auf den Feldern für alle gut sichtbar, lockten sie Hobby-Ornitholog:innen und Wochenendtourist:innen mit Spektiven an. Die Hektik an Schlaf- und Rastplätzen brachte Unruhe ins Leben der Vögel. Und so blieb selbst die komfortable Rastmöglichkeit vor den Toren Berlins nicht frei von Stress.

Auch ich hatte bereits mit Familie und Kamera an einem Maisfeld gestanden. Aber nun stand ich im Garten. Ich beobachtete Vögel, die viele Meter über mir in Sicherheit kreisten und aufmerksam auf diejenigen hinabsahen, die ihren Lebensraum an anderer Stelle durcheinanderbrachten. Der US-amerikanische Schriftsteller Ralph Ellison soll in seiner Jugend Vögel in den Wäldern bei Oklahoma City beobachtet haben. Während der *Great Depression* ging er dazu über, sie zu fangen, und versorgte die Familie als Vogelfänger. Am Ende ist alles eine Frage der Perspektive.

Die letzten Kraniche des Jahres habe ich in Hamburg gehört. Ich saß in Volksdorf auf der Terrasse und sah sie über die Reihenhäuser hinwegziehen. Neben mir hüpfte eine vorwitzige Amsel über Platten, die erst kürzlich begradigt worden waren. Meine Mutter würde nicht mehr über zugemooste Steine stolpern, die sich über die Jahrzehnte verschoben hatten. Ständig hatte ich gemeckert, sie müssten ausgetauscht werden, und nun fehlten sie mir. Es war nicht mehr dieselbe Terrasse, auf der meine Großmutter Ende der 1950er Jahre mit ihren Töchtern gespielt hatte. Aber wir waren auch nicht mehr dieselben, die dort mit ihr aufgewachsen waren.

Es ist jetzt zwei Jahre her, dass ich vor dem alten Haus meiner Urgroßeltern stand. Meine Furcht vor den «neuen» Bewohner:innen hatte sich damals in der Linse ihrer Überwachungskamera gespiegelt. Wenn ich heute an das gelbe Sommerkleid denke, das ich trug, sehe ich ein anderes Kleidungsstück vor mir. Es war kein vorauseilendes Fremdeln gewesen, das mich zu seiner Wahl inspiriert hatte. Es kam aus den Beständen meiner Mutter, und es war an diesem Tag das einzige Kleid, in dem ich mich selbst wiedererkannte – neon-leuchtend, unübersehbar. Wie unbedarft ich damals in das Drama eines fremden Lebens gestolpert war. Und wie unerwartet aus dieser Begegnung eine kurze Verbindung geworden ist. Ich habe nach den ersten E-Mails nichts mehr von Ihnen gehört, Frau S.

Ich hoffe, es geht Ihnen gut.

Danksagung

Aller größten Dank an meine Familie, Freund:innen und Kolleg:innen, an meine Agentin Franziska Günther, meine Lektor:innen Matthias Hansl und Claire Zander und den C.H.Beck Verlag. Ohne Ralf, meine Kinder und meine Eltern, ohne Zissa, Mareen, Henrike, Laura, Claudia, Marny, Priya, Natalie, Aylin, Saleh, Dima, Trixie, Ruwandi, Johannes, Sophie, Niels, Judith, Lena und Aoi gäbe es dieses Buch gar nicht.

Anmerkungen

KAPITEL 1

Überall

1 Der Begriff «Multikollektivität» wurde durch den Kulturwissenschaftler Klaus P. Hansen geprägt. Er beschreibt die Flexibilität der Zugehörigkeiten, indem er auf die Vielzahl von Kollektiven verweist, mit denen jedes Individuum verbunden ist, und damit auch die Komplexität und Wandelbarkeit von Identitäten.

2 Daniela Dröscher: Schreiben ist Selbstermächtigung, Zeit Online, 26.06.2020

KAPITEL 2

Nachbarschaften

1 Daniela Dröscher: Ich bin zwar privilegiert, aber immerhin nicht reich, Zeit Online, 23.02.2021

KAPITEL 3

Stadt

1 Walter Siebel: Die Stadt ist ein Ort, an dem Fremde leben, Bildpunkt, 3.04.2016

2 Christiane Mende und Paulino Miguel: Mauerfall und Deutsche Einheit aus Perspektive mosambikanischer Migrantinnen und Migranten, Bundeszentrale für politische Bildung, 19.03.2021

3 Annett Gröschner: Berlin – Die entfremdete Stadt, Heinrich Böll Stiftung, 14.11.2013

4 Teresa Koloma Beck: Ein «Wir» ist niemals selbstverständlich, Zeit Online, 06.07.2021.

5 Constanze Fischbeck: Terra Nova (2017)

6 Uwe Wittstock: Februar 33: Der Winter der Literatur (2021)

7 Besondere Beachtung fand im Rahmen des Staatsangehörigkeitsgesetzes der

Fall des Hamburgers Michael Samir al-Ayash, der nach einer Irak-Reise im Jahr 2002 aus Deutschland abgeschoben werden sollte.

8 Alice Hasters: Die Diskussion um Identitätspolitik wird immer aufgeregter. Versuch einer Klärung, Süddeutsche Zeitung, 23.03.2021.

KAPITEL 4

Arbeit

1 Die Journalistin Julia Friedrichs hat die Zusammenhänge für ihr Buch «Working Class» (2021) recherchiert.

2 Um sinnstiftende Aspekte in modernen Arbeitsstrukturen ging es im Juni 2016 in einem Beitrag der Hans Böckler Stiftung in der Rubrik Impulse.

3 Florian Kessler: Endstation Amazon, Süddeutsche Zeitung, 9.11.2014.

4 Der Text «Alter, *Race*, Klasse und Gender» ist Teil der Essaysammlung «Sister Outsider». Die deutsche Übersetzung erschien 2021 im Hanser Verlag.

5 Die folgende Szene basiert auf einem Text aus dem Buch: „Wie kann ich was bewegen? Die Kraft des konstruktiven Aktivismus", das Raul Krauthausen und Benjamin Schwarz 2021 veröffentlicht haben.

6 Priya Basil: Locked In and Out (2021)

KAPITEL 5

Freundschaft

1 Aminatou Sow und Ann Friedman: Echte Freundschaft – Wie wir es schaffen, einander nah zu bleiben (2021)

2 1993 erschien Paul Gilroys Buch «The Black Atlantic: Modernity and Double Consciousness».

3 Sabine Hark: Gemeinschaft der Ungewählten – Umrisse eines politischen Ethos der Kohabitation (2021)

4 Janosch Schobin: Freundschaft und Fürsorge (2013)

5 Der *Friendship Report* basiert auf einer internationalen Studie, die von Snapchat in Auftrag gegeben wurde und für die 30 000 Menschen in sechzehn Ländern befragt wurden.

6 Taylor Renee Aldridge und Jessica Lynne: We Are Each Other's Medicine, Canadian Art, 31.07.2018

7 Das Buch «Farbe bekennen – Afrodeutsche Frauen auf den Spuren ihrer Geschichte» wurde 1986 von May Ayim, Katharina Oguntoye und Dagmar Schultz herausgegeben. Es ist eines der ersten Bücher, in dem Biografien Schwarzer deutscher Menschen nachgezeichnet und analysiert werden.

8 Reni Eddo-Lodge: Warum ich nicht länger mit Weißen über Hautfarbe spreche (2018)

KAPITEL 6

Familie

1 Eric Hobsbawm: Das Zeitalter der Extreme – Weltgeschichte des 20. Jahrhunderts (1995)
2 Simone Gaul im Interview mit Jonas Rees: Warum fragen wir nicht, was Opa getan hat, Zeit Online, 26.10.2021
3 Johny Pitts: Afropäisch: Eine Reise durch das Schwarze Europa (2020)
4 Chester Hedgepeth: Discrimination, high blood pressure, and health disparities in African Americans, Harvard Health Publishing, 21.09.2020
5 Audre Lorde: Sister Outsider – Alter, *Race*, Klasse und Gender: Frauen definieren Verschiedenheit neu (Seite 131)

KAPITEL 7

Passing

1 Michael Ugarte: Africans in Europe – The Culture of Exile and Emigration from Equatorial Guinea to Spain (2010)
2 Alexandra Kleemann: The Secret Toll of Racial Ambiguity, New York Times, 20.10.2021

Quellenverzeichnis

Artikel

Aldridge, Taylor Renee und Lynn, Jessica: We Are Each Other's Medicine. Canadian Art, Sommerausgabe 2018

Calla, Cécile: Mein europäisches Flechtwerk, Zeit Online, 9.10.2020

Dröscher, Daniela: Ich bin zwar privilegiert, aber immerhin nicht reich, Zeit Online, 23.02.2021

Dröscher, Daniela: Schreiben ist Selbstermächtigung, Zeit Online, 26.06.2020

Gaul, Simone im Interview mit Jonas Rees: Warum fragen wir nicht, was Opa getan hat, Zeit Online, 26.10.2021

Gröschner, Annett: Berlin – Die entfremdete Stadt, Heinrich Böll Stiftung, 14.11.2013

Hasters, Alice: Die Diskussion um Identitätspolitik wird immer aufgeregter. Versuch einer Klärung, Süddeutsche Zeitung, 23.03.2021

Hedgepeth, Chester: Discrimination, high blood pressure, and health disparities in African Americans, Harvard Health Publishing, 21.09.2020

Kessler, Florian: Endstation Amazon, Süddeutsche Zeitung, 9.11.2014

Kleemann, Alexandra: The Secret Toll of Racial Ambiguity, New York Times, 20.10.2021

Koloma Beck, Teresa: Ein «Wir» ist niemals selbstverständlich, Zeit Online, 6.07.2021

Mende, Christiane und Miguel, Paulino: Mauerfall und Deutsche Einheit aus Perspektive mosambikanischer Migrantinnen und Migranten, Bundeszentrale für politische Bildung, 19.03.2021

Siebel, Walter: Die Stadt ist ein Ort an dem Fremde leben, Bildpunk, 3.04.2016; Der Beitrag beruht auf Thesen, die ausführlich in Walter Siebels Buch Die Kultur der Stadt entwickelt werden. Berlin 2015

Siebel, Walter: Nachbarschaft, fiph Journal Nr. 26 – Forschungsinstitut für Philosophie Hannover.

Filme

Basil, Priya: Locked In and Out, Berlin 2021
Fischbeck, Constanze: Terra Nova, Berlin 2017

Gedichte

1. Kapitel: Chisala, Upile: Soft Magic, Seite 18. Andrews McMeel Publishing 2019
2. Kapitel: Atfah, Lina: Sieben Gesichter, die bleiben: Auszug aus dem Gedicht «Julia Trompeter». Der Text stammt aus dem Projekt Poesie der Nachbarn – Dichter übersetzen Dichter und ist 2017 im Künstlerhaus Edenkoben entstanden.
3. Kapitel: Meetra, Mariam: Erste Strophe aus dem Gedicht «Erinnere Dich an mich», das auf der Literaturplattform Weiterschreiben erschienen ist.
4. Kapitel: Chisala, Upile: Soft Magic, Seite 109. Andrews McMeel Publishing 2019
5. Kapitel: Morrison, Toni: Beloved. New York 1987
6. Kapitel: Chisala, Upile: Soft Magic, Seite 100. Andrews McMeel Publishing 2019
7. Kapitel: Ahmadi, Pegah: Auszug aus dem Gedicht «Die Unmögliche», das auf der Literaturplattform Weiterschreiben erschienen ist.

Literatur

Appiah, Kwame Anthony: Identitäten. Berlin 2019
Ayim, May, Oguntoye, Katharina und Schultz, Dagmar (Herausgeber:innen): Farbe bekennen – Afrodeutsche Frauen auf den Spuren ihrer Geschichte. Berlin 1986
Diamond, Jared: Vermächtnis: Was wir von traditionellen Gesellschaften lernen können. Frankfurt a. M. 2012
Dröscher, Daniela: Zeige deine Klasse, Hamburg 2018
Eddo-Lodge, Reni: Warum ich nicht länger mit Weißen über Hautfarbe spreche. Stuttgart 2019
Eggers, Maureen Maisha (Herausgeberin): Mythen und Masken. Münster 2005
Erdoğan, Aslı: Das Haus aus Stein. München 2019
Eribon, Didier: Rückkehr nach Reims. Berlin 2016
Friedrichs, Julia: Working Class: Warum wir Arbeit brauchen, von der wir leben können. Berlin 2021

Geißler, Heike: Saisonarbeit. Leipzig 2014
Gessen, Masha: Leben im Exil – Über Migration sprechen. Berlin 2020
Gilroy, Paul: The Black Atlantic – Modernity und Double Consciousness. London [u.a.] 1993
Grill, Bartholomäus: Wir Herrenmenschen – Unser rassistisches Erbe – Eine Reise in die deutsche Kolonialgeschichte. München 2019
Hall, Stuart: Vertrauter Fremder – Ein Leben zwischen zwei Inseln. Hamburg 2020
Hartman, Saidiya: Lose Your Mother. New York 2007
Hark, Sabine: Gemeinschaft der Ungewählten – Umrisse eines politischen Ethos der Kohabiation. Berlin 2021
Hobsbawm, Eric: Das Zeitalter der Extreme – Weltgeschichte des 20. Jahrhunderts. München 1995
hooks, bell: Art on My Mind – Being the Subject of Art. New York 1995
hooks, bell: Die Bedeutung von Klasse. Münster 2020
Hutchinson, George: In Search of Nella Larsen: A Biography of the Color Line. Cambridge, Mass. [u.a.] 2006
Krätschell, Johannes: Herr Schlau-Schlau wird erwachsen. 2017 Berlin
Krauthausen, Raul und Schwarz, Benjamin: Wie kann ich was bewegen? Die Kraft des konstruktiven Aktivismus. Hamburg 2021
Kristeva, Julia: Fremde sind wir uns selbst. Frankfurt a. M. 1990
Kurt, Şeyda: Radikale Zärtlichkeit. Hamburg 2021
Larsen, Nella: Passing. New York 1929
Leilani, Raven: Hitze. Hamburg 2021
Lorde, Audre: Sister Outsider – Essays. München 2021
Morrison, Toni: Beloved. New York 1987
Morrison, Toni: Die Herkunft der anderen: Über Rasse, Rassismus und Literatur. Hamburg 2017
Plamper, Jan: Das neue *Wir*. Warum Migration dazugehört: Eine andere Geschichte der Deutschen. Frankfurt a. M. 2019
Robinet, Jayrôme C.: Mein Weg von einer weißen Frau zu einem jungen Mann mit Migrationshintergrund. Berlin 2019
Roig, Emilia: Why we matter. Berlin 2021
Rothberg, Michael: Multidirectional Memory – Remembering the Holocaust in the Age of Decolonisation. Stanford 2009
Rothberg, Michael: The Implicated Subject – Beyond Victims and Perpetrators. Stanford 2019
Said, Edward: Orientalism. New York 1978
Schmidt, Jochen: Der Wächter von Pankow. München 2015
Schobin, Janosch: Freundschaft und Fürsorge. Bericht über eine Sozialform im Wandel. Hamburg 2013
Smith, Zadie: Changing My Mind: Occasional Essays. London 2009
Smith, Zadie: Feel Free. Essays. London 2018

Sow, Aminatou und Friedman, Ann: Echte Freundschaft – Wie wir es schaffen, einander nah zu bleiben Hamburg 2021

Stelling, Anke: Bodentiefe Fenster. Berlin 2015

Ugarte, Michael: Africans in Europe – The Culture of Exile and Emigration from Ecuatorial Guinea to Spain. Champaign 2010

Wittstock, Uwe: Februar 33 – Der Winter der Literatur. München 2021